# CORRESPONDANCE

DE

# BERNADOTTE

AVEC

# NAPOLÉON.

*Ouvrages nouveaux qui se trouvent chez le même Libraire :*

*Vues politiques*, par l'auteur de *la Coalition et la France*. In-8. Prix, broché, 2 fr., et 2 fr. 40 c. franc de port.

*Lettres sur les nouveaux établissemens qui se forment dans les parties occidentales des Etats-Unis d'Amérique*, par Morrys Birkbecks ; traduit de l'anglais. 1 vol. in-8. Prix, 3 fr., et 3 fr. 60 c. franc de port.

*Oraison funèbre de M. le Duc de Feltre*, pair et maréchal de France et ministre de la guerre, par M. Beaupoil Saint-Aulaire. In-8. Prix, 75 c., et 90 c. franc de port.

*Les Quatre Ages de la Garde nationale*, ou Précis historique de cette institution militaire et civile depuis son origine jusqu'en 1818, par un électeur du département de la Seine. In-8. Prix, broché, 2 fr., et 2 fr. 50 c. franc de port.

*L'Esprit des Whigs*, ou Cause de l'expulsion des Stuarts du trône d'Angleterre, par l'auteur de l'*Origine et Vices de la constitution britannique*. 1 vol. in-8. Prix, broché, 2 fr. 50 c., et 3 fr. franc de port.

*Origine et Vices de la constitution britannique*, suivis d'un détail historique des élections pour le parlement en 1818 ; par l'auteur de l'*Esprit des Whigs*. 1 vol. in-8. Prix, broché, 2 fr. 50 c., et 3 fr. franc de port.

*Voyage historique en Egypte* pendant les campagnes des généraux Bonaparte, Kléber et Menou ; par M. Dominique di Pietro. 1 vol. in-8. avec une carte. Prix, broché, 6 fr., et 7 fr. 25 c. franc de port.

DE L'IMPRIMERIE DE POULET,

QUAI DES AUGUSTINS, N°. 9.

# CORRESPONDANCE

DE

# BERNADOTTE,

PRINCE-ROYAL DE SUÈDE,

AVEC

# NAPOLEON,

DEPUIS 1810 JUSQU'EN 1814;

Précédée de NOTICES sur la situation de la Suède, depuis son élévation au trône des Scandinaves,

PIÈCES OFFICIELLES RECUEILLIES ET PUBLIÉES

PAR M. BAIL,

Ancien Inspecteur aux revues, membre de la Légion d'honneur.

A PARIS,

CHEZ L'HUILLIER, LIBRAIRE,

RUE ET HÔTEL SERPENTE, N°. 16.

1819.

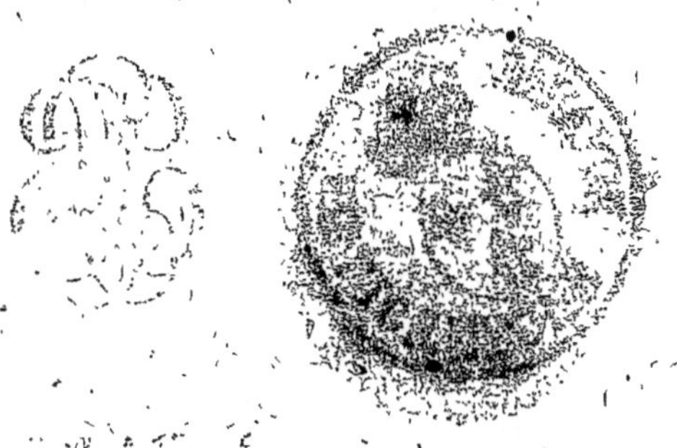

# AVIS DE L'ÉDITEUR.

Bernadotte, aujourd'hui roi de Suède sous le nom de *Charles-Jean*, est un personnage éminemment illustre par ses actions et sa haute fortune. Si nous lui conservons ici son nom de famille, c'est parce que ce nom est glorieusement célèbre dans les fastes héroïques de la France, et qu'il sera toujours le plus beau titre de celui qui le porte.

Des rumeurs circulent depuis quelque temps sur ce prince ; à en croire les bruits publics, il serait sur le point d'être détrôné par ceux-là même qu'il a aidés de ses conseils et de son épée sur les champs de bataille : grande et terrible leçon pour les hommes que le courage de nos guerriers éleva aux honneurs, et qui, au jour de l'adversité, ont séparé leur cause de celle de la France !

Le recueil que nous offrons au public

ne doit pas être considéré comme une de ces spéculations de librairie où, pour satisfaire l'avide curiosité de quelques lecteurs, on ramasse beaucoup de scandales, d'anecdotes controuvées et de faits hasardés. Les pièces contenues ici sont toutes officielles, à peu près inconnues, et entièrement du domaine de l'histoire, à laquelle elles appartiennent déjà.

Les originaux de la correspondance existent tous dans les archives du ministère des affaires étrangères, aussi-bien que dans la chancellerie suédoise. La conversation de Napoléon avec le ministre de Suède sur le système continental, se trouve consignée textuellement dans les dépêches de cet agent diplomatique; elle donne la clef de plusieurs événemens dont on a ignoré les causes jusqu'à ce jour; enfin, c'est le monument le plus authentique, de l'esprit qui dirigeait l'Empereur dans le but et les développemens de ce fameux système jugé trop sévèrement; le souverain et l'homme d'état s'y peignent tout entiers.

La crise qui entraîna la ruine d'un vaste empire fondé par la victoire, et dans laquelle la Suède prit une si grande part, étant déjà loin de nous, on peut aujourd'hui, sans inconvénient, offrir ces matériaux au public et à la postérité, sans craindre de rallumer les haines et les passions. Nous avons été aussi sobres qu'il nous a été possible de réflexions sur le texte de ces pièces, parce que les faits parlent d'eux-mêmes; on jugera de quel côté furent la justice et la modération : cependant nous n'avons pu nous dispenser d'y donner quelque développement quand cela nous a paru nécessaire.

Le système continental fut une grande et sublime conception; il allait affranchir à jamais l'Europe civilisée du monopole anglais; c'était la seule manière de vaincre l'Angleterre et d'assurer le repos du monde; mais le vulgaire ne tient compte que des succès à ceux qui gouvernent:

« . . . . . . Et pour être approuvés,
» De tels projets veulent être achevés. »

Quant au prince-royal de Suède, la postérité l'attend; c'est elle qui le jugera. Ne pouvant rester Suédois sans cesser d'être Français, il n'y avait pas à hésiter. Cependant nous devons le dire, parce que nous en avons la certitude, il conserva toujours au fond du cœur les souvenirs de la patrie.

L'éditeur de ce recueil, prisonnier de guerre en 1813, et admis à une audience particulière de ce prince, lui entendit exprimer ces sentimens avec véhémence au milieu des bataillons étrangers; c'est une justice qu'il se plaît à lui rendre.

---

# PRÉCIS SUR LA SUÈDE.

Un héros français, qui jadis combattait pour la liberté, venait d'être placé, par l'élection d'un peuple étranger, sur les marches du trône des *grands Gustaves*. La presqu'île scandinave, succombant sous le poids de ses calamités, lui avait confié ses destins ; et la nation suédoise, fière encore de ses souvenirs et de son indépendance, attendit avec confiance sa prospérité d'un soldat.

Son espérance ne fut pas trompée. Bernadotte, à peine rendu en Suède, défendit courageusement les intérêts de ce pays, s'y fit aimer, et seconda de tout son pouvoir les vues paternelles du roi Charles XIII, qui le nomma son fils adoptif.

Napoléon à l'apogée de sa puissance, et ne redoutant plus rien sur le continent, semblait faire peu d'attention à l'élévation de son ancien compagnon d'armes ; il dédaigna même de donner des explications à la Russie, qui lui en témoigna de l'ombrage ; mais sa politique devint plus sévère et plus oppressive à mesure que le système continental s'établit. Il ne voulut rien relâcher de ses principes en faveur de la Suède, qui, par sa position, semblait ne pouvoir se passer ni du commerce, ni des Anglais ; de là cette aigreur, cette mésintelligence, cette hauteur qu'on remarque dans les relations diplomatiques de la France avec cette puissance, et qui se terminèrent par une rupture ouverte.

La conférence *d'Abo* eut lieu en 1812, peu de jours avant l'ouverture de la campagne de Russie ; l'accession de la Suède à la coalition européenne y fut décidée entre l'empereur Alexandre, le ministre anglais et Bernadotte ; ce dernier fut comblé des procédés de l'empereur. Parmi les Suédois qui accompagnaient le prince-royal, plusieurs étaient d'avis d'exiger la restitution de la Finlande ; d'autres se contentaient des îles d'Aland, et de la terre-ferme jusqu'à Uleaborg ; c'est alors qu'Alexandre dit au Prince : « *Cette concession va me dépopulariser, je préfère vous remettre, s'il le faut, les îles d'Osel, d'Ago, et Riga.* — S'il en est ainsi, répliqua Bernadotte, *je ne veux d'autre ga-*

*rantie que celle de votre parole.* » Il fut réglé ensuite qu'il recevrait la Norwège en indemnité. La Suède convoite ce pays depuis des siècles. Aussi étranger au Danemarck qu'à tout autre état par sa position géographique, séparé de tout ce qui l'environne par ses mœurs et ses lois, le sol de la Norwège porte un peuple fier et courageux, qui aime la liberté autant que l'indépendance.

Cependant la permission de disposer de ce royaume, donné par la Russie à la Suède en 1812, c'est-à-dire lorsqu'elle était attaquée par toutes les forces de l'Europe, était une véritable dérision ; outre qu'on ne pouvait prévoir alors l'issue de la campagne, il ne suffisait pas de céder la Norwège, il fallait encore la conquérir ; ce marché ressemblait beaucoup à celui du chasseur qui vend la peau de l'ours.

La Norwège fournissait sous le gouvernement danois 30 à 32,000 hommes d'infanterie, et 4 à 5000 de cavalerie ; ses contributions étaient d'environ 6 millions de francs ; son commerce consiste en bois de construction, poisson sec et salé, fer, cuivre et goudron. Sa population est d'un million d'âmes. Le nombre des villes régulières est de 24, presque toutes situées sur la côte. Les habitans du Littoral forment une pépinière de bons marins; Berghen et Drontheim font un commerce très-important. Cette acquisition, si elle n'eût pas été illusoire, pouvait donc séduire le cabinet suédois, mais elle ne pouvait jamais lui tenir lieu de la Finlande, dont les positions militaires sont comme les clefs de Stockholm. L'île d'Aland n'est pas moins précieuse, puisqu'elle n'est éloignée de la côte que de 34 milles; de l'archipel, vis-à-vis Stockholm, que de 30; de Stockholm même, que de 60; et qu'enfin la Baltique, qui sépare la Suède de la Russie, gèle tous les hivers assez fort pour qu'on puisse y faire passer du canon. Il résulte de là que les armées russes peuvent se trouver en quelques marches au cœur de la Suède, et qu'elles sont en possession des ports et des places fortes qui la défendent de ce côté.

Le traité d'Abo fut impolitique non-seulement à l'égard de la sûreté de la Suède, mais encore sous le rapport de ses intérêts financiers. Lorsqu'après avoir prodigué le sang de ses soldats à Leipsick, presqu'au même lieu où Gustave-Adolphe mourut vainqueur, elle fut obligée, par le traité de Kiel, de se charger d'une partie des dettes du Danemarck proportionnellement à la population de la Norwège, cette charge, en raison de l'énormité de la dette danoise, devint un fardeau insupportable pour la Suède. Il s'éleva des discussions qui furent portées au congrès d'Aix-la-Chapelle, et le congrès ne décida point favorablement.

Une chose extrêmement remarquable, c'est que le prince-royal, agissant au nom du roi, avait, à l'époque du traité d'Abo, proposé son *ultimatum* à Napoléon. Il voulait faire cause commune avec la France, mais à condition qu'on lui ferait céder la Norwège par le Danemarck. On faisait même entrevoir que des ports de ce pays une descente en Ecosse était très-facile. Le cabinet des Tuileries, qu'on a accusé de violer les traités, répondit, qu'il ne voulait pas rompre ceux qu'il avait faits avec le Danemarck.

Telle fut la situation de la Suède jusqu'à l'époque de la bataille de Lutzen, qui ouvrit si glorieusement la campagne de 1813. Cette bataille fit reculer les Prussiens et les Russes jusqu'en Silésie, toute la rive de l'Elbe fut balayée depuis Hambourg jusqu'à Dresde, où Napoléon établit son quartier. Un armistice eut lieu, des négociations furent ouvertes; pendant ce temps un corps de 30,000 Suédois, sous le commandement de Bernadotte, joignit l'armée alliée sous Berlin, et battit les troupes du maréchal Ney à Jutterbock, immédiatement après l'expiration de la trève. La victoire de Dresde n'eut aucun résultat pour l'armée française ; elle se replia sur Leipsick ; c'est là que les 30,000 Suédois et les conseils de leur chef décidèrent la journée en faveur de nos ennemis, et que commença cette déplorable suite de revers dont nous ne pouvions prévoir le terme.

Après la bataille, l'empereur Alexandre et le roi de Prusse embrassèrent Bernadotte sur la grande place de Leipsick; ils le nommèrent leur sauveur. On n'a que trop d'exemples de l'instabilité des sentimens d'amitié entre les souverains; et si nous rapportons cette anecdote, c'est moins comme une chose extraordinaire que comme une preuve que les alliés reconnaissaient lui devoir alors une grande partie de leurs succès dans cette journée.

L'armée suédoise marcha bientôt contre le Danemarck pour obtenir, de gré ou de force, l'exécution du traité d'Abo à l'égard de la Norwège. Les troupes danoises opposèrent peu de résistance. Le traité de Kiel ratifia celui d'Abo; mais on n'était pas encore en possession de la Norwège. Tout le pays se souleva contre le traité; le prince-royal de Danemarck se mit à la tête des mécontens, soutenu secrétement par le gouvernement danois.

Pendant ce temps des événemens plus importans se passaient en France. Les alliés plusieurs fois repoussés, appelèrent leurs réserves; le corps suédois reçut l'ordre de passer le Rhin et de joindre la grande armée.

Ce mouvement s'exécuta avec beaucoup de lenteur et d'hésitation. Soit que le prince-royal réfléchît sur sa position; soit que des germes de mécontentement existassent déjà entre lui et les autres souverains; soit enfin, comme quelques-uns l'ont prétendu, qu'il y eût des pourparlers entre lui et Napoléon, l'armée suédoise s'arrêta un mois à Cologne, six semaines à Liége, et n'arriva à Bruxelles qu'après les évènemens du mois de mars 1814 (1). On a remarqué que ce fut au moment où les coalisés étaient sur le point de succomber en France, que les Suédois restaient les bras croisés dans leurs cantonnemens.

Bernadotte passa vingt-quatre heures à Paris,

---

(1) L'armée suédoise passa le Rhin dans les premiers jours de février 1814, elle n'arriva à Bruxelles que dans le courant d'avril, ayant employé trois mois à faire vingt-cinq lieues.

après l'entrée des alliés en 1814 et la restauration; ce voyage donna lieu à plusieurs conjectures qui n'ont point eu assez de consistance pour mériter d'être rapportées, et que, par cette raison, nous passerons sous silence.

Après la grande catastrophe de l'empire, toute l'Europe fut en paix, excepté la Suède: elle avait toujours à soumettre la Norwège; l'armée suédoise repassa le Belt, et marcha vers ce royaume. L'issue des évènemens ne laissant plus au Danemarck aucun espoir de se soustraire au traité de Kiel, il cessa de soutenir les insurgés, et la Suède entra en possession d'une conquête qui lui avait coûté tant de sang....

Le parti du roi détrôné ne prit de la consistance qu'en 1818. On peut se rappeler qu'il y eut une conspiration contre la vie de Bernadotte; on étouffa sagement cette affaire. Pendant que cela se passait en Suède, Gustave-Adolphe, errant en Allemagne, fit protester son fils contre l'abdication. Il est vrai que cela était peu important, du moment que le roi Charles-Jean tenant la couronne par le suffrage libre de la nation, était reconnu par toutes les puissances de l'Europe. Cependant Bernadotte fit déclarer, dit-on, aux puissances garantes du traité de Kiel, que si les diètes du royaume le dégageaient de ses sermens, il ne ferait aucune difficulté de descendre du trône.

Tout le monde a eu connaissance des marques d'intérêt données par l'empereur Alexandre au jeune prince Gustave Wasa. L'héritier présomptif de la couronne de Danemarck, le prince Christian, le même qui se mit à la tête des insurgés de la Norwège, s'est lié fort etroitement avec cette famille; et, d'un autre côté, le mariage d'une fille de Gustave IV avec un prince de Bade s'est fait sous la protection officielle de la cour de Russie.

A ces faits publics se joignent les rumeurs diplomatiques. On parle du rétablissement de la triple alliance des princes du Nord, imaginée par Napoléon au commencement de son consulat : le trône de Norwège serait relevé en faveur du jeune duc de Holstein-Oldenbourg, neveu de l'empereur Alexandre, etc.; trois états seraient alors, par leur faiblesse, sous la domination russe, et comme des vedettes placées à l'entrée de la Baltique. On ne peut nier que ce projet ne soit conforme à la politique et à la prépondérance actuelle de la Russie en Europe.

D'un autre côté, les Anglais verront-ils avec indifférence les clefs de la Baltique dans les serres de l'aigle du Nord? laisseront-ils augmenter son influence toujours croissante en Allemagne? C'est à la solution de ces deux questions que semble attaché le sort de la Suède. La position de ce pays est éminemment critique : déjà des assassinats, des violences ont eu lieu dans Stockholm ; et quoique on n'en connaisse point les détails, il est aisé de voir qu'ils se rattachent à la situation des esprits et à des évènemens qui se préparent dans le silence et dans l'ombre.

Bernadotte, Français et enfant de la révolution, a-t-il pu se faire illusion? a-t-il pu se croire inébranlable sur le trône de Suède? Non. Il a combattu les rois pendant quinze ans, et il s'est fait roi ; c'est un contre-sens. En politique, ce qui est faux et faible doit tomber tôt ou tard ; du moment où les chefs des dynasties régnantes proclamèrent le principe de la légitimité par le droit de la naissance, son règne fut détruit. La sanction de son élévation semblerait un acte insensé dans le système suivi par les quatre grandes puissances : il n'y avait qu'un homme qui eut intérêt à soutenir la couronne des *soldats heureux;* il n'est plus !! !.....

# VIE MILITAIRE

## DE BERNADOTTE (CHARLES-JEAN),

## ROI DE SUEDE.

LA flatterie qui poursuit les rois jusqu'au tombeau ne souillera point ma plume. Je citerai la valeur et la loyauté de Bernadotte, mais je serai forcé de déplorer ces lauriers funestes arrosés de sang français; de plaindre cet ambitieux aveuglement qui fait le malheur des peuples et l'opprobre des princes. St.-Louis eût de grandes qualités, et il perdit son royaume; François Ier. fut intrépide, généreux, magnanime, et il compromit sa couronne. D'autres, après avoir élevé le nom français au premier rang par des actions immortelles, l'ont sacrifié sans regret aux rêves d'une grandeur éphémère.

La vie militaire de Bernadotte appartient toute entière à l'histoire; elle se rattache à des succès presque fabuleux et à des revers effroyables.

La révolution le tira de l'obscurité : sorti de cette pépinière de héros, tous grands hommes à la fleur de l'âge, il n'eut besoin que de se montrer comme eux pour fonder sa réputation. Les guerriers, les hommes d'état, les orateurs, se pressaient alors en foule autour de la liberté ; chaque citoyen était un Démosthène et chaque soldat un Léonidas.

Bernadotte, né à Pau en Béarn, le 26 janvier 1763, d'une famille plébéïenne, ne comptait point une longue suite d'aïeux illustres ; comme Cicéron il fut le premier de sa race.

Dominé par une imagination brûlante, des idées élevées, des sentimens nobles et magnanimes, il embrassa de bonne heure la carrière des armes (1) ; sergent d'infanterie en 1789,

---

(1) M:........, compatriote et ancien camarade de Bernadotte, m'a souvent raconté qu'allant en semestre à Pau, il rencontra ce dernier qui venait joindre le régiment ; qu'ils échangèrent leurs habits, et que lui M..... dit, en passant l'uniforme à son nouveau compagnon d'armes : « *Vas, je te fais maréchal de France.* » M..... était loin de se croire prophète, et surtout d'imaginer qu'il y eût sous cet habit un roi de Suède.

on le compta au premier rang des défenseurs de l'indépendance nationale.

Élevé de grade en grade sur les champs de bataille, jusqu'à celui de général de division, il faisait partie en l'an 4 de l'armée de Sambre-et-Meuse aux ordres du général en chef Jourdan. Les rives de la Lahn furent témoins de ses premiers succès; le blocus de Mayence, le passage du Rhin, le combat de Neuhof, les affaires de la Rednitz, la prise d'Altorf et de Neumarck, l'enlèvement des magasins autrichiens sur le Mein, l'élevèrent au rang des premiers généraux de l'Europe pendant cette glorieuse campagne. Nous trouvons dans les écrits du temps qu'on l'accusa d'avoir permis le pillage de Nuremberg et levé des contributions. Voici ce qu'il écrivait à ce sujet au directoire exécutif :

« Je ne vous parlerai point, citoyens directeurs, de l'indignation qu'ont manifestée » les militaires qui me connaissent au récit de » cette assertion mensongère ; je me tairai » sur tout ce qu'ont ressenti les troupes servant sous mes ordres ; mais je dois réclamer » auprès de vous la réparation qui m'est due : » un fait aussi infâme ne peut rester impuni,

» et j'ai lieu d'espérer que le gouvernement » en fera connaître toute la noirceur. »

Bernadotte conduisit peu de temps après un renfort de plusieurs divisions à l'armée d'Italie, où il prit un commandement sous les ordres du général en chef Bonaparte. Il débuta à cette armée par la prise de Gradisca; Murat y commandait son avant-garde: par un hasard singulier, deux hommes qui devaient porter le diadême préludaient ensemble aux grandes destinées que la fortune leur réservait.

Après la campagne de l'an 5, choisi par le général en chef pour apporter au directoire les drapeaux pris à Rivoli, Bernadotte présenta solennellement à Paris les glorieux trophées de l'armée d'Italie. « Je vous envoye par le général Bernadotte, écrivait Bonaparte, plusieurs drapeaux pris sur les Autrichiens. Cet excellent officier, qui a fait sa réputation sur la rive du Rhin, est aujourd'hui un des généraux les plus essentiels à la gloire de l'armée que je commande. Vous voyez en lui un des amis les plus solides de la république, incapable par principes, comme par caractère, de capituler avec les ennemis de la liberté. »

Les évènemens se pressaient d'une manière

rapide. Après la journée du 18 fructidor et les préliminaires de Léoben, la guerre civile désola le midi de la France; une réaction sanglante y plaça les citoyens sous le poignard des assassins; Bernadotte fut désigné pour y commander et déployer l'appareil de la force; mais il n'accepta point cette mission. Le traité de *Campo-Formio* venait de rétablir les rapports diplomatiques entre la France et l'Autriche. Le vainqueur d'Altorf et de Gradisca, nommé ambassadeur de la république à Vienne, y représenta la France avec dignité, et fit arborer pour la première fois le drapeau tricolore au-dessus du palais de France. Cette innovation devint l'objet d'un soulèvement général; la populace de Vienne se livra aux plus grands excès, pénétra dans l'intérieur du palais et en brisa les meubles. L'ambassadeur s'y défendit bravement plusieurs heures, en imposa aux mutins, et partit en plein jour au milieu d'une foule immense à laquelle sa fermeté semblait dicter des lois.

De retour à Paris, on le nomma au commandement de la 8e. division, qu'il refusa, afin de goûter, disait-il, les douceurs d'une vie simple et tranquille; il refusa aussi l'ambassade de

La Haye. On a conservé ce passage de la lettre qu'il écrivait alors au directoire, et qui finissait par cette phrase :

« Je vous prie, citoyens, d'agréer le tribut » de ma gratitude. Vous avez justement senti » que la réputation d'un homme qui avait con» tribué à placer sur son piédestal la statue de » la Liberté, *était une propriété nationale.* »

Après la dissolution du congrès de Rastadt, Bernadotte, nommé général en chef de l'armée d'observation du Bas-Rhin, ouvrit la campagne par le bombardement de Philisbourg et la prise de Manheim.

L'étoile de la république semblait pâlir : les revers de l'armée de Sambre-et-Meuse, les progrès des austro-Russes en Italie, la plupart de nos conquêtes perdues en quelques mois, les places fortes menacées, la guerre civile imminente, plaçaient la France au bord de l'abîme. Il fallut recourir à des mesures extraordinaires, déployer une nouvelle énergie, chercher de nouvelles ressources. Le directoire appela Bernadotte au ministère de la guerre. Il n'eut pas le choix des moyens dans ce poste épineux, qu'il conserva à peine trois mois ; ne pouvant vaincre la désorganisation, réprimer les déprédations, et punir l'indiscipline, il se retira indigné de la versatilité et de la faiblesse d'un gouvernement qui périssait. Il paraît cependant qu'on le força de quitter le ministère. Il a nié, dans le temps, en termes fort expressifs, qu'il eut donné sa démission; et, ce qui est assez plaisant, c'est qu'on voulait le mettre au *traitement de réforme.* « Après vingt années de fatigues non interrompues, écrivait-il au directoire, vous jugerez si je mérite le *traitement de réforme;* je ne vous dirai pas que j'en ai besoin, mais j'ai surtout besoin de repos. »

Bernadotte vécut ignoré jusqu'au 18 brumaire. A la suite de cette révolution, il fut nommé conseiller d'État par le premier consul. Succédant bientôt au général Brune, employé à pacifier l'ouest, sa douceur, sa franchise dissipèrent la révolte sans recourir à la voie des armes. Il croyait n'avoir plus rien à faire, lorsqu'il apprit qu'une flotte anglaise venait de jeter 2,000 hommes en Bretagne. Arrivé au point du débarquement après une marche forcée de vingt-six heures, il culbute les Anglais dans la mer.

Les titres de Bernadotte comme général en chef et comme pacificateur, le placèrent des premiers sur la liste des maréchaux de l'empire. Appelé au commandement de l'armée destinée à prendre possession du Hanovre, il gouverna ce pays avec modération. En 1804, il rejoignit la grande armée avec son corps à Wurtzbourg, et prit part à toutes les opérations de la campagne. Après la guerre de Prusse, l'empereur Napoléon le dota richement en domaines dans les pays conquis, et lui conféra le titre de prince de *Porte-Corvo*. Il passa, dans le même temps (en 1806) au commandement du corps d'observation à Hambourg, et fut sur le point d'être fait prisonnier lors de la défection des Espagnols aux ordres du marquis de La Romana.

Une révolution éclatait alors en Suède. Gustave, l'héritier des Wasa, précipité du trône par le mécontentement de la nation, cédait ses droits, et les abdiquait en faveur du duc de Sudermanie, qui prit les rênes du gouvernement sous le nom de Charles XIII. Son neveu, le prince d'Oldenbourg, prince-royal, le seul habile à succéder, mourut subitement pendant les manœuvres de l'armée suédoise en Scanie; le trône, remis aux mains d'un vieillard valétudinaire, était vacant. Ce fut dans ces circonstances où tant de couronnes recherchaient l'appui et la protection de la France, qu'un parti puissant élut Bernadotte prince-royal.

De ce moment sa position fut presque toujours fausse envers son ancienne patrie. Constamment froissé entre ses devoirs et des intérêts contraires, il luttait avec énergie, mais sans succès, contre la toute-puissance de l'empire; entraîné par les circonstances, il finit par se réunir à une ligue formée contre elle, et par coopérer à la ruine du colosse.

En 1813, à la tête d'une armée de 30,000 Suédois, dite *armée du nord de l'Allemagne*, il bat le maréchal Ney sous les murs de Berlin. Ce maréchal, qui n'avait à ses ordres que des troupes peu aguerries, perdit son artillerie et environ 8,000 hommes. C'est le premier trophée sur lequel Bernadotte eut à gémir comme Français. Après ce combat, il passe l'Elbe à Dessau, et se porte en Saxe, où il opère sa jonction avec Blücher. Sa position, néanmoins, devient critique; sans appui, sans magasins sur la rive gauche de l'Elbe, il peut être forcé de livrer une bataille dont l'issue est au moins douteuse. En cette extrémité, il opine, dans le conseil des alliés, pour marcher à Leipsick, afin de nous couper la communication. Cette résolution fut prise le 7 octobre à Muhlberg; et dès le 14, Napoléon, qui avait prévu ce mouvement, était dans Leipsick. Chaque minute empirait la situation des alliés. (Si l'armée française eût manœuvré sur la rive droite de l'Elbe, depuis Hambourg jusqu'à Dresde, en menaçant Postdam et Berlin, au lieu de rester sur la rive gauche, le succès n'était pas douteux.) Bernadotte marcha le 17, à deux heures du matin, de Landsberg sur les hauteurs de Breitenfeld, formant le centre de la ligne ennemie. L'action, engagée depuis le 16, se prolongea avec des succès variés. La victoire paraissait se déclarer pour nous, lorsque les 30,000 Suédois, soutenus de leur artillerie, décidèrent la journée. Je ne sais si les souverains alliés seront long-temps reconnaissans; mais c'est un fait constant, qu'ils lui doivent le gain de la bataille de Leipsick.

On est douloureusement affecté de voir un Français contribuer aux désastres de cette campagne, si mémorable par son influence sur les affaires de l'Europe; on est confondu, en lisant dans le bulletin officiel de l'armée combinée, le passage suivant :

« L'ennemi (c'est-à-dire les Français) avan-
» çait toujours sur notre gauche pour arrêter
» notre marche sur Leipsick. L'artillerie man-
» quant là, le prince royal (Bernadotte) char-
» gea le général russe baron de Witt, d'*invi-*
» *ter de sa part l'officier commandant les bat-*
» *teries saxonnes, à lui rendre le service de*
» *faire usage de son artillerie ;* et 10 *pièces*
» *peu auparavant destinées à consolider l'es-*
» *clavage de l'Allemagne, furent employées*
» *de suite à en assurer l'indépendance.* »

Les saxons étaient nos alliés!... Personne ne croira que le loyal prince de Suède ait voulu chercher des traîtres dans nos rangs ; il n'y a que de perfides amis qui aient pu lui faire un titre de gloire d'une action infâme dont il est incapable.

Les résultats de la bataille de Leipsick furent immenses et décisifs : l'empire s'écroula ; l'étranger envahit deux fois notre territoire, nous imposa des tributs accablans, et prouva plus que jamais la force de cet axiôme : « *Malheur aux vaincus.* » Que sont donc les hommes et les nations, aux yeux des dépositaires du pouvoir? Peu de chose, sans doute. Le prince-royal de Suède, vainqueur, ne devait-il pas craindre que chaque soldat français expirant ne lui dît les terribles paroles de Bayard au connétable de Bourbon?

Conservons-lui, du moins, la gloire militaire acquise dans nos rangs; qu'elle soit prise en compensation des fautes d'un guerrier qui aurait dû périr comme Epaminondas, en combattant les ennemis de sa patrie.

# CORRESPONDANCE

DE

# BERNADOTTE,

PRINCE-ROYAL DE SUÈDE,

AVEC

# NAPOLÉON,

DEPUIS 1810 JUSQU'EN 1814.

## N°. I.

## RAPPORT

*A S. M. le Roi de Suède, par son Ministre d'état et des affaires étrangères* (1).

Stockholm, 7 janvier 1813.

SIRE,

Je viens remplir aujourd'hui les ordres que Votre Majesté m'a donnés, de lui faire un rapport sur les relations politiques de

(1) Nous avons cru devoir rapporter ici ce document, quoiqu'il soit déjà connu du public, parce qu'il contient un exposé fort exact de la situation de la Suède depuis l'année 1809, et qu'il est indispensable

la Suède avec la France depuis plus de deux ans.

Rien n'honore plus une nation que la publicité que le gouvernement donne à ses actes diplomatiques, et rien n'est plus propre à consolider l'accord du monarque avec son peuple, que cette communication franche des secrets de la politique. Tout patriote trouvera dans le compte que Votre Majesté m'a ordonné de lui rendre, une nouvelle preuve de l'estime de son souverain pour ses lumières, et de son amour pour la patrie. La nation verra la marche qu'a suivie le gouvernement pendant la sanglante tragédie qui continue de dévaster l'Europe.

Les rapports de la Suède avec la Grande-Bretagne n'avaient pas encore, à la fin du mois de novembre 1810, pris un caractère d'hostilité ouverte. Le commerce de la Suède,

---

à l'intelligence des *pièces inédites* que nous publions. Il a été inséré dans le recueil des *prétendues pièces officielles* que le libraire *Schœll* a publié en 9 volumes, dans la louable intention, à ce qu'il assure, de *détromper les Français sur les événemens qui se sont passés*. Nous observons que M. Schœll est Prussien.

quoique limité dans son activité, surtout par la paix de Paris, n'était cependant pas entièrement interrompue, grâces à la modération du cabinet anglais.

Les manifestations de malveillance de la part de la France qui, dans le cours de 1810, menacèrent souvent de devenir des prétentions sérieuses, parurent d'abord se borner au maintien sévère des principes du système continental dans la Poméranie ; mais elles se dirigèrent ensuite ouvertement contre la Suède, et l'on porta l'exigence jusqu'à vouloir exclure les Américains de nos ports. Votre Majesté réussit nonobstant à en détourner les suites par sa modération et par sa persévérance.

Il était néanmoins à présumer que cette situation heureuse, en offrant à la Suède les moyens de réparer ses forces épuisées par une guerre destructive, ne pourrait pas continuer ainsi. L'empereur Napoléon avait établi pour l'Europe subjuguée la règle péremptoire, qu'il ne reconnaissait pour amis que les ennemis de la Grande-Bretagne ; que la neutralité, autrefois le boulevard des Etats faibles dans la lutte des plus puissans, cessait maintenant d'avoir un sens sérieux ;

et que toutes les combinaisons de la politique, tout sentiment de dignité, devait disparaître devant la toute-puissance des armes et d'une volonté indomptable.

Au commencement de novembre 1810, et peu de jours avant la séparation des états du royaume, une dépêche de M. le baron de Lagerbjelke arriva de Paris. Elle contenait les détails d'une conversation qu'il avait eue avec S. M. l'empereur des Français, et dont le résultat était, que Votre Majesté aurait à choisir entre l'interruption de ses rapports avec la France, et une déclaration de guerre formelle contre l'Angleterre. Le ministre de France à Stockholm, M. le baron Alquier, présenta une note dans le même sens, et exigea une réponse catégorique dans l'espace de cinq jours, menaçant de quitter la Suède si le gouvernement n'obtempérait pas à la volonté de son maître.

Lorsque Votre Majesté, dans un moment aussi urgent, fixa ses regards sur la position extérieure et intérieure du royaume, elle ne trouva point de moyens pour prendre une décision libre. Les puissances du continent ne suivaient alors que l'impulsion de la France, et la saison éloignait tout espoir d'être assisté par l'Angleterre, au cas que le royaume fût attaqué dans le cours de l'hiver. Le terme qui avait été fixé pour donner la réponse, ne laissa pas le temps nécessaire pour s'assurer des dispositions des Etats limitrophes, et les ressources du royaume, tant en argent qu'en moyens de défense, étaient tellement bornés, qu'on ne pouvait raisonnablement se flatter de garantir l'intégrité et la liberté de la Suède. S. A. R. Mgr. le prince-royal, pénétré de la nécessité de sauver l'Etat, fit taire ses affections, et déclara solennellement que Votre Majesté ne devait avoir aucun égard, ni à sa position particulière, ni à ses rapports passés, et qu'il exécuterait avec fidélité et avec zèle, ce qui lui serait enjoint par Votre Majesté pour la gloire et le maintien de l'indépendance du royaume.

Votre Majesté voulant conserver pour une époque plus opportune la ressource efficace renfermée dans la déclaration de S. A. R. le prince-royal, regarda comme un devoir impérieux de céder pour le moment à l'orage, se flattant que l'empereur Napoléon ne voudrait pas tout d'un coup exposer les dernières ressources de la Suède, en exigeant rigoureusement d'elle des hostilités ouvertes contre la Grande-Bretagne.

Cependant, à peine la déclaration de guerre contre l'Angleterre fut-elle publiée, et le commerce suédois abandonné à la discrétion du cabinet britannique, que le ministre de France commença à développer un plan, poursuivi sans interruption dans la suite, pour faire contracter à la Suède les mêmes obligations qui ont attiré tant de malheurs sur les Etats confédérés. On exigea d'abord un corps considérable de matelots pour équiper la flotte française à Brest, et consécutivement, des troupes suédoises à la solde de la France : l'introduction en Suède du tarif de 50 pour cent sur les denrées coloniales; enfin, l'établissement des douaniers français à Gottembourg. Toutes ces demandes ayant été rejetées, soit par suite des lois du royaume, soit en raison des intérêts de la nation, il en résulta que les dispositions du gouvernement français envers la Suède, ne tardèrent pas à prendre un caractère hostile.

Peu de temps après son arrivée, M. le baron Alquier parla de la nécessité d'une alliance plus intime entre la Suède et la France; et quoiqu'on lui répondit d'une manière polie, cette réponse n'eut aucun résultat. Il proposa ensuite une alliance entre la Suède le Danemarck et le grand-duché de Varsovie, sous la protection et la garantie de la France : cette proposition avait pour objet de créer une confédération du Nord, semblable pour les obligations et pour le but, à celle qui a réuni les forces de l'Allemagne sous la domination française. Mais Votre Majesté nayant pas jugé conforme à sa position ni à ses droits de répondre affirmativement, on renouvela bientôt après l'ancienne proposition, pour une alliance particulière avec la France. Quoique M. le baron Alquier n'eût annoncé que verbalement le désir de l'Empereur son maître à cet égard, il exigea cependant une réponse par écrit, et regarda la difficulté de l'obtenir comme une marque de l'indifférence du gouvernement suédois pour le système français.

Votre Majesté pouvait sans doute exiger aussi qu'on lui fît une communication plus ample, et surtout écrite, des véritables dispositions de l'empereur Napoléon à l'égard de l'alliance projetée ; et quoiqu'il fût à craindre qu'une réponse par écrit exigée sur une ouverture faite verbalement n'eût d'autre but que d'être montrée à Saint-Pétersbourg, pour prouver que la Suède était en tout dépendante de la France, Votre Majesté résolut pourtant de fermer les yeux sur toutes ces considérations, et s'attacha à ne négliger aucun moyen qui pourrait exciter l'intérêt de l'empereur des Français pour la Suède. A cet effet, une note fut remise au ministre Alquier, dans laquelle Votre Majesté manifesta sa disposition d'établir des rapports plus intimes avec la France, dans l'espérance que les conditions seraient compatibles avec la dignité et le véritable intérêt de son royaume.

M. le baron Alquier déclara de suite que cette réponse était insignifiante; que, du reste, elle portait le caractère d'une résolution déjà prise par Votre Majesté, de rester indépendante de la politique continentale; et lorsque, pour pouvoir répondre plus amplement, on lui demanda ce que l'Empereur exigeait de la Suède, et ce que ce pays pouvait se promettre en dédommagement des nouveaux sacrifices qui pourraient-être le résultat des prétentions de la France, ce ministre se borna à la réponse remarquable « *que l'Empereur exigeait d'abord des faits* » *conformes à son système, après quoi il était* » *possible qu'il fût question de ce que Sa Ma-* » *jesté impériale voudrait bien faire en faveur* » *de la Suède.* »

Sur ces entrefaites, la saison navigable arriva, et avec elle les captures des bâtimens suédois par les corsaires français. Le ministre de

Votre Majesté à Paris demanda le redressement des torts faits au commerce suédois ; des représentations furent adressées dans le même but au ministre Alquier ; ses réponses portèrent l'empreinte du rôle de dictateur qu'il s'était proposé de jouer en Suède.

Votre Majesté, dont la ferme résolution était de remplir fidèlement les engagemens qu'elle avait contractés, veillait, avec une attention non interrompue, à l'observation scrupuleuse des ordonnances publiées contre le commerce anglais. Cependant les journaux français insultaient périodiquement le gouvernement suédois, et étalaient avec emphâse l'immensité du commerce de Suède. La diminution considérable du revenu des douanes dans le cours de l'année 1811, atteste l'exagération et la fausseté de ces imputations.

Si le gouvernement anglais voyait d'un œil tranquille la situation de la Suède, et n'envisageait pas sa déclaration de guerre comme un motif suffisant pour traiter hostilement le commerce suédois; si cette tolérance facilitait quelque débit des immenses dépôts de fer, du royaume et, par conséquent, éloignait les suites funestes de la guerre, Votre Majesté ne devait cependant pas s'attendre que ce serait sur ces ménagemens de l'Angleterre, que le gouvernement français établirait son système d'accusation contre la Suède ; Votre Majesté avait, au contraire, le droit d'espérer que l'empereur Napoléon verrait avec plaisir ce royaume traité avec ménagement par une puissance qui avait tant de moyens de nuire à la Suède.

Toutefois, les violences des corsaires français contre le pavillon suédois augmentèrent journellement. Le ministre de Votre Majesté à Paris représenta, dans les termes les plus convenables, les pertes immenses qui en résultaient pour la nation; mais loin d'obtenir la remise des vaisseaux capturés, et une répression de ces abus pour l'avenir, les tribunaux des prises donnèrent presque toujours gain de cause aux capteurs : à la vérité, dans quelques affaires, le droit parut si évident aux tribunaux, que leurs sentences furent favorables aux Suédois; mais le gouvernement français, qui s'était réservé le droit de valider ces décisions, n'en confirma jamais aucune en faveur de la Suède. Ainsi les corsaires, assurés de l'impunité, eurent le champ libre pour exercer leurs rapines. On ne se contenta point de condamner comme bonne prise les vaisseaux suédois, sous le prétexte qu'ils étaient pourvus de licences anglaises, ou qu'ils auraient dû l'être; de capturer dans le Sund les petits bâtimens de cabotage chargés de comestibles et de produits des manufactures du pays; d'arrêter ceux qui se trouvaient dans les ports allemands, où ils attendaient des cargaisons: mais encore on traita les matelots suédois comme des prisonniers de guerre; ils furent mis aux fers, et ensuite envoyés dans les ports d'Anvers et de Toulon, pour y servir sur les flottes françaises.

Des démêlés désagréables et journaliers eurent lieu dans le cours de l'été de 1811, entre la régence de Poméranie et le vice-consul de France. Pour garantir cette province de l'arrivée des troupes françaises, une force militaire considérable y fut levée sur la demande expresse de l'empereur Napoléon, et au grand détriment du pays (1), et la plus scrupuleuse surveillance y était exercée à l'égard du commerce illicite de denrées coloniales. Malgré cette

(1) Cette phrase, que nous avons conservé fidèlement comme elle existe dans la traduction originale, pourra paraître obscure à quelques lecteurs. Ce fut pour éviter à la Poméranie les désagrémens et les charges d'une occupation étrangère, que Napoléon exigea alors qu'elle prît soin de défendre elle-même son littoral. (*Note de l'éditeur.*)

condescendance, il ne fut jamais possible de contenter les prétentions toujours croissantes du vice-consul français. Une rixe qui eut lieu à Stralsund, entre l'équipage d'un corsaire français et quelques recrues de la landsturm, et dans laquelle il resta prouvé que les Français avaient commencé par outrager et attaquer les soldats poméraniens, fut néanmoins regardée à Paris comme une infraction à la paix; et l'on exigea pour réparation, que les soldats de Votre Majesté fussent punis de mort.

M. le baron Alquier présenta, au mois de juillet, une note officielle, dont le contenu et le style peu mesuré exigèrent une réponse qui lui rappelât le respect qu'il devait à la nation, et les égards que se doivent réciproquement les souverains. M. Alquier prit sur lui de déclarer qu'il ne pouvait plus traiter avec moi, et demanda qu'un individu particulier fût nommé pour correspondre avec lui.

Dès-lors tous les rapports officiels avec M. le baron Alquier cessèrent; néanmoins le langage du duc de Bassano parut devoir amener quelque changement dans la politique de la France envers la Suède. Votre Majesté crut avec satisfaction en voir la preuve dans le rappel du ministre, rappel qui avait été formellement demandé ; mais à peine la saison avait-elle éloigné la flotte anglaise de la Baltique, que les corsaires français renouvelèrent leurs violences avec plus d'activité qu'auparavant. Votre Majesté se vit alors dans la nécessité de donner ordre à sa marine d'arrêter les pirates qui gêneraient notre commerce de port à port, et qui auraient fait des prises suédoises. Plusieurs corsaires français qui insultaient nos côtes furent chassés ; un, nommé *le Mercure*, fut pris.

Votre Majesté, affligée de voir ainsi maltraiter ses sujets et ruiner leur commerce, au sein de la paix la plus solennelle, ordonna qu'un courrier fût de suite envoyé à Paris, avec un état bien détaillé de tous les dommages que le commerce suédois avait soufferts, et la demande d'une garantie pour l'avenir, contre les violences des corsaires, fut renouvelée. Le bâtiment *le Mercure* et son équipage furent mis à la disposition du chargé d'affaires de France à Stockholm.

Le chargé d'affaires de Votre Majesté à Paris exécuta ce qui lui avait été ordonné. Le ministère de France donna l'espérance que les représentations de la Suède seraient écoutées, et que les griefs dont elle se plaignait seraient examinés avec une impartiale justice. Lorsque Votre Majesté se livrait à l'espérance consolante de voir enfin disparaître tous les motifs d'éloignement entre les deux cours, par une explication loyale et généreuse du gouvernement français, Votre Majesté apprit que déjà dès le commencement de l'automne, le prince d'Eckmühl, commandant les troupes françaises dans le nord de l'Allemagne, avait annoncé qu'il ferait entrer ses troupes dans la Poméranie et l'île de Rügen, aussitôt que les glaces le lui permettraient. Les instructions que le commandant suédois avait reçues, garantissaient à Votre Majesté que ses troupes défendraient ses possessions allemandes contre toute aggression étrangère. Malheureusement l'astuce prévalut sur le devoir, le courage des troupes suédoises fut paralysé par la faiblesse de leur chef, et la Poméranie fut envahie. Les événemens qui depuis lors ont eu lieu dans cette province, ont été rendus publics, afin qu'on ne se méprît point sur la véritable nature de cette démarche extraordinaire, et sur l'air amical que la France affectait pour détourner l'opinion qui devait résulter d'une entreprise aussi hasardée.

L'entrée des troupes françaises en Poméranie fut immédiatement suivie de l'arrestation des employés de Votre Majesté dans cette province. Ils furent conduits dans les prisons d'Hambourg. Là on les menaça de la mort; on tâcha vainement de les obliger, par des promesses séductrices, à rompre leurs sermens; les dernières ressources du pays furent épuisées par des contributions énormes; on força, par des coups de canon, les bâtimens de Votre Majesté de rester dans les ports de la Poméranie, et on les arma de suite en course; les emplois publics de la province furent occupés par des agens français, et finalement deux régimens suédois furent désarmés et envoyés en France comme prisonniers de guerre.

Pendant que ces hostilités s'exerçaient dans la Poméranie, on arrêtait les postes suédoises à Hambourg, et on y faisait des perquisitions secrètes pour découvrir les sommes que les Suédois y possédaient. Le chargé d'affaires de Votre Majesté à Paris, privé de toute nouvelle de la Suède, eut bientôt, par la voie publique, la certitude de l'entrée des troupes françaises dans la Poméranie. Il présenta en conséquence une note au duc de Basano, pour obtenir des éclaircissemens sur cette occupation. On lui demanda si c'était par ordre de sa cour qu'il faisait cette représentation : et lorsqu'il eut déclaré que dans une affaire de cette importance, il avait cru devoir prévenir les ordres du roi son maître, le duc de Bassano lui observa qu'il fallait les attendre, avant qu'il pût s'expliquer sur l'objet principal.

Dans cet état des choses, le premier soin de Votre Majesté devait être de s'assurer des dispositions des puissances dont l'influence était la plus intéressante pour la Suède, et de se préparer par de nouvelles alliances la plus grande sécurité pour l'avenir.

Le silence du cabinet français continua; et tout annonça une rupture prochaine entre cette puissance et la Russie. La saison s'approcha où les flottes anglaises visiteraient de nouveau la Baltique, et il y avait tout lieu d'attendre que le ministère britannique, en récompense des ménagemens accordés au commerce suédois, exigerait une conduite pacifique plus décidée de notre part. Votre Majesté se voyait par conséquent à la fois exposée au ressentiment de l'empereur Napoléon, ou aux hostilités de la grande-Bretagne, et aux agressions de la cour de Russie. Le Danemarck avait déjà pris une attitude menaçante.

L'Etat était livré aux destinées incertaines de l'avenir; des traités faibles et déjà rompus étaient la garantie de son existence. Le nom glorieux de S. A. le prince-royal releva le courage national, et les Suédois se rappelèrent qu'après avoir défendu leur liberté sur leurs rivages, ils avaient su les franchir pour poursuivre la tyrannie. Ainsi l'amour de l'indépendance sauva la patrie du précipice où l'on était prêt à l'ensevelir.

Votre Majesté, convaincue du danger qu'il y avait à se laisser entraîner par la marche précipitée des événemens, jugea qu'il était temps de se rapprocher du cabinet anglais et de s'ouvrir à celui de Russie avec une noble franchise. Votre Majesté vit avec plaisir le marquis de Wellesley, alors ministre des affaires étrangères, disposé à accueillir ses propositions, et pénétré à cette époque des dangers imminens que courait l'Europe. Quelques temps après elle conclut à Orebro un traité de paix avec l'Angleterre, avantageux aux deux pays; et les relations d'amitié et de bon voisinage furent resserrées avec la Russie par un nouveau pacte, dont l'exécution doit mettre la Suède à l'abri de toutes les commotions de la politique continentale.

Votre Majesté regardait l'ignorance où l'empereur des Français laissait la Suède, comme une volonté de l'entraîner despotiquement dans son système continental dont elle se trouvait naturellement détachée par la prise de la Poméranie. Votre Majesté avait en outre un exemple frappant sur le sort que subissait une puissance de l'Allemagne, amie de la Suède, qui après avoir été laissée très-long-temps dans l'incertitude si ses offres de contracter une alliance seraient acceptées, fut tout à coup cernée par des armées françaises et se vit contrainte de se livrer à la discrétion de l'Empereur.

Depuis la réunion du pays d'Oldenbourg à l'empire français, on sut avec certitude que des différends, tant à cet égard que relativement au système continental, avaient eu lieu entre les cours de France et de Russie, et que les préparatifs de guerre qui se faisaient des deux côtés pouvaient facilement conduire à des hostilités ouvertes. Cependant la France n'avait pas encore témoigné à Votre Majesté le moindre desir ni fait aucune ouverture tendante à engager la Suède dans une guerre contre la Russie.

Maintenant que les rapports du royaume devaient être regardés comme rompus par l'occupation de la Poméranie, la proposition suivante fut faite, non pas officiellement, mais par une voie non moins sûre de la part de l'empereur Napoléon.

Après avoir fait un long exposé des déviations souvent répétées de la Suède, d'une observation sévère des principes du système continental, déviations qui, disait-on, avaient à la fin forcé l'Empereur de faire entrer les troupes en Poméranie, sans cependant l'occuper, Sa Majesté exige :

« Qu'une nouvelle déclaration de guerre se » fasse contre l'Angleterre ; que toute com» munication avec des croiseurs anglais soit » sévèrement défendue ; que les rivages du » Sund soit pourvus de batteries, la flotte » équipée, et le canon tiré contre les bâtimens » anglais.

» Qu'en outre la Suède mette sur pied une » armée de 30 à 40 mille hommes pour atta» quer la Russie au moment où les hostilités » commenceront entre cette puissance et l'em» pire français.

» Pour dédommager la Suède, l'Empereur » lui promet la restitution de la Finlande.

» Sa Majesté Impériale s'oblige en outre » d'acheter pour vingt millions de francs de » denrées coloniales, à condition que le paie-

» ment ne s'effectuera qu'après que les mar-
» chandises auront été déchargées à Dantzig
» ou à Lubeck.

» Finalement, Sa Majesté Impériale per-
» mettra que la Suède puisse participer à tous
» les droits et avantages dont jouissent les
» états de la Confédération du Rhin. ».

Votre Majesté fixa d'abord son attention sur la différence immense qui existait entre les sacrifices exigés, et le dédommagement que le royaume pouvait s'en promettre. Elle ne se dissimula point qu'un état de guerre active avec la Russie, dont la suite nécessaire serait des hostilités ouvertes avec la Grande-Bretagne, surpasserait les forces et les ressources de la Suède; que la présence d'une flotte anglaise dans la Baltique pourrait enchaîner, pendant l'été, les opérations suédoises, et que d'ailleurs, il n'existait aucun grief, contre la Russie depuis le traité fait avec elle; qu'en attendant, nos côtes et nos ports seraient abandonnés à la vengeance de l'Angleterre; qu'une complète stagnation du commerce et un cabotage interrompu occasionneraient une misère publique; que le besoin pressant où allait se trouver la Suède de se pourvoir de blé, exigeait impérieusement des rapports pacifiques, tant avec la Russie qu'avec l'Angleterre; que la fin subite de la guerre entre la France et la Russie laisserait infailliblement la Suède sans aucune augmentation de territoire, surtout si l'armée suédoise, par l'effet de la guerre avec l'Angleterre, était mise hors d'état de s'éloigner de ses parages; que d'ailleurs ces préparatifs et une année de guerre demanderaient une dépense de 12 à 15 millions de rixdalers. Une foule d'autres considérations déterminèrent Votre Majesté à n'avoir égard qu'au bonheur de ses sujets et à la prospérité de son royaume, et pour cet effet Votre Majesté ouvrit ses ports aux pavillons de toutes les nations.

Les tentatives de la France pour engager la Suède dans une guerre ouverte contre l'Angleterre et la Russie, ne se bornèrent point à celles dont je viens de faire mention; le ministre d'Autriche à la cour de Votre Majesté reçut, de l'ambassadeur d'Autriche à Paris, M. le prince de Schwartzemberg, un courrier avec la nouvelle alliance conclue à Paris, le 14 mars passé, entre la France et cette puissance. M. le prince de Schwartzemberg chargea le ministre de sa cour à Stockholm d'employer toute son influence, en communiquant cette nouvelle au ministère de Votre

Majesté, pour faire participer la Suède à la guerre contre la Russie. Votre Majesté répondit à cette proposition, comme elle l'avait fait à la précédente, en déclarant qu'elle voulait conserver la tranquillité de son royaume, et qu'elle acceptait la médiation de LL. MM. les empereurs d'Autriche et de Russie pour tout ce qui avait rapport à l'invasion injuste de la Poméranie; qu'en outre Votre Majesté offrait, si cela convenait à l'empereur Napoléon, d'écrire à la cour impériale de Russie pour tâcher de prévenir l'effusion du sang, jusqu'à ce que des plénipotentiaires suédois, russes, français et autrichiens pussent se réunir afin d'arranger les différends survenus.

Les évènemens ayant prouvé que ces offres n'avaient pas été accueillies par l'empereur des Français, Votre Majesté dut regarder comme un devoir sacré de mettre son royaume en état de défense; et elle y employa une partie des ressources que ses fidèles Etats du royaume avaient mises à sa disposition pour faire respecter et maintenir l'indépendance nationale.

La longue expérience des temps passés, et la force des exemples du présent, ont sanctionné les mesures de prudence que Votre Majesté a prises pour la sûreté et l'intégrité de ses Etats.

On s'était déjà adressé au chargé d'affaires de France, M. de Cabre, pour lui demander une explication sur la prise de la Poméranie; il était invité à déclarer s'il résidait à Stockholm comme agent d'une puissance amie ou ennemie. Plusieurs mois s'étant écoulés sans réponse, et des intrigues ténébreuses et peu conformes au droit des nations ayant eu lieu, M. de Cabre a été renvoyé.

Dans un moment où toutes les puissances qui entourent la Suède ont porté leurs forces militaires à un point jusqu'ici sans exemple, Votre Majesté a aussi été obligée de se soumettre à l'impérieuse nécessité du temps; et n'ayant en vue que la prospérité et le bonheur de la Suède, elle a préparé les moyens qui peuvent la mettre en état de compter essentiellement sur ses propres forces et sur celles des gouvernemens ses amis. Si, pour atteindre ce but, des sacrifices sont nécessaires, les bons Suédois s'empresseront de seconder Votre Majesté; car ils furent toujours le ferme soutien des monarques qui firent respecter leur liberté.

Une ancienne habitude a long-temps porté la Suède à considérer la France comme son allié naturel. Cette opinion des temps passés, ces impressions reçues agissaient d'une manière puissante sur l'esprit de Votre Majesté, fortifié par le penchant du prince-royal pour son ancienne patrie, penchant toujours subordonné dans son cœur à ses devoirs envers la Suède ; mais lorsque la France a voulu interdire à la Suède presque insulaire le droit de parcourir les mers qui l'entourent, et de sillonner les flots qui baignent ses rivages, le gouvernement a dû défendre les droits et les intérêts de la nation, pour échapper à la situation des puissances qui, par leur soumission à la France, se trouvent maintenant sans vaisseaux, sans commerce et sans finances. L'alliance de la France, en exigeant d'abord la perte de l'indépendance, conduit par degrés à tous les sacrifices qui anéantissent la prospérité d'un Etat. Pour devenir son allié, il faut n'avoir aucune relation avec l'Angleterre ; remplacer les revenus des douanes et le profit du commerce par des impôts toujours croissans, afin de soutenir les guerres dans lesquelles sa politique capricieuse l'a entraînée depuis huit ans. Si la Suède s'était soumise aux volontés de la France, on aurait vu des Suédois en Espagne comme on y voit des Allemands, des Italiens et des Polonais ; on les aurait vus même en Turquie, si l'empereur Napoléon avait vaincu l'empereur Alexandre.

Si, pour assurer les destinées de la Suède, en lui procurant sûreté pour le présent et garantie pour l'avenir, Votre Majesté est forcée de mettre ses armées en mouvement, ce ne sera point dans l'intention de conquérir des provinces inutiles à la prospérité de la presqu'île scandinave : l'indépendance de cette presqu'île est l'objet constant des soins de Votre Majesté ; et aucun sacrifice ne doit coûter aux Suédois pour obtenir ce grand et important résultat. Votre Majesté a repoussé le traité avilissant qu'on a voulu lui faire souscrire : elle s'est mise au-dessus d'une politique humble et versatile ; et elle n'a pas craint d'en appeler au courage, à la loyauté, au patriotisme et à l'honneur national. Votre Majesté a bien jugé les Suédois ; et sa récompense est dans la confiance absolue qu'ils ont mise dans sa sagesse.

Depuis long-temps le vaisseau de l'Etat, naviguant sur une mer orageuse et battue par la tempête, était près de faire naufrage : Votre Majesté, en habile pilote, saisit le gouvernail ; et secondée par son fils chéri, elle a eu le bonheur, malgré les écueils dont sa route a été semée, de l'amener au port. Je présente cette image, pour éclairer à l'avenir les personnes qui, toujours inquiètes sur leur sort futur, s'alarment à la vue du moindre contre-temps, et s'imaginent n'être lancées sur cette terre que pour y jouir paisiblement de toutes les commodités de la vie. Votre Majesté a promis la liberté aux Suédois; elle leur tiendra parole. La chaumière du pauvre comme le palais du riche jouiront de ce bienfait inappréciable: l'autorité arbitraire ne pourra jamais y pénétrer; et, de nuit comme de jour, la loi en garantira l'enceinte. Fiers de tous les droits, unis à leur souverain, les Suédois marcheront à la rencontre de leurs ennemis; le souvenir de leurs illustres aïeux et la justice de leur cause seront la garantie de leurs succès.

C'est avec le plus profond respect que je suis,

Sire,

De Votre Majesté

Le très-humble, très-obéissant et très-dévoué serviteur et sujet,

Laurent d'Engestrom.

## N°. II.

### EXTRAIT

*D'une dépêche au Roi, de M. le baron de Lagerbjelke, ministre de Suède à Paris, en date du 26 octobre 1810.*

Malgré toutes les prévenances personnelles dont je venais d'être l'objet, il m'avait été facile de me préparer à une scène peu agréable. La nature de mes conférences avec le duc de Cadore, le départ précipité de M. de Czernicheff, la catastrophe dont la Suisse s'était vue menacée pour affaires de commerce, les avantages remportés dans le Portugal, dont on voudrait sans doute profiter pour accabler les Anglais sur tous les points à la fois, toutes ces circonstances réunies m'avaient assez fait juger quel serait l'objet de l'audience; mais j'avoue que je ne m'attendais pas à une explosion aussi violente : jamais je n'avais vu l'empereur en colère; et cette fois-ci, il l'était à un point qui surpasse toute imagination.

Je fus introduit un peu après neuf heures du matin. Je trouvai le duc de Cadore avec l'empereur ; et la présence de ce tiers me fit d'abord juger que j'étais appelé pour entendre une déclaration officielle, mais que la discussion ne me serait point permise. Je n'en résolus pas moins de répondre à chaque occasion où je pourrais placer un mot.

Il m'est impossible de rendre compte à Votre Majesté de tout ce que l'empereur a dit pendant cinq quarts-d'heure au moins, parce que son agitation était si forte, son discours si coupé, ses répétitions si fréquentes, qu'il était trop difficile de tout classer dans la mémoire. Je débutai par la présentation de la lettre de Votre Majesté. « Savez-vous, dit l'empereur, quel est le sujet de cette lettre ? » Je l'exprimai, en ajoutant un compliment. Sans y répondre, l'empereur continua (chaque reprise du discours de l'empereur fera suffisamment connaître à Votre Majesté le genre des courtes réponses que je tâchai de placer dans les intervalles) : « Ah, ça, M. le baron, cessera-t-on enfin de croire en Suède que je ne suis qu'une dupe ? pense-t-on que je puisse m'accommoder de cet état mixte ou métis ? — Oh ! point de sentimens ! c'est par les effets qu'on fait ses preuves en politique. Voyons ces effets. Vous signâtes la paix avec moi au commencement de l'année : vous vous engageâtes à rompre toute communication avec l'Angleterre ; vous gardâtes un ministre à Londres, un agent anglais en Suède, jusque fort avant dans l'été ; vous n'interrompîtes la communication ostensible par Gothembourg que plus tard encore, et qu'en résulta-t-il ? Que la correspondance est restée la même, ni plus ni moins active. — Bah ! il n'est pas question d'une communication par-ci, par-là ; elle est régulière, elle est très-considérable ; vous avez des bâtimens dans tous les ports de l'Angleterre. — Vraiment, du sel ! prend-on du sel dans la Tamise ? Des bâtimens de commerce anglais assiègent Gothembourg. — La belle preuve qu'ils n'y entrent pas ! On échange les marchandises en pleine mer ou près des côtes. Vos petites îles serviront de magasins pendant l'hiver. Vos bâtimens transportent ouvertement des denrées coloniales en Allemagne ; j'en ai fait saisir une dixaine à Rostok. Est-il possible que l'on puisse affecter ainsi de se méprendre sur le premier principe du système continental ? — A la bonne heure ! vous n'approuvez point cela dans votre note ; ce n'est point d'elle que je me plains, c'est du fait. Je n'ai pas dormi une seule heure de la nuit, à cause de vos affaires : on pourra me laisser reposer en paix ; j'en ai besoin. — Encore, est-elle convenable, cette restitution des prisonniers anglais qui avaient si imprudemment attenté à la dignité du roi, et violé son territoire ? Rendus sans aucune satisfaction ! N'est-ce pas, M. de Cadore ? (Le ministre, tout tremblant, ne manqua pas de répondre affirmativement, comme à quelques autres questions semblables.) Autre violation du droit territorial, la capture d'un corsaire français dans l'intérieur du port de Stralsund ; mais on ne m'a rien rendu, à moi (1) ; ce n'est que pour ses amis qu'on a ces petites attentions-là. Eh bien ! restez avec les Anglais ! S'il faut en juger par le mal que vous m'avez fait cette année-ci, jamais vous ne fûtes plus amis des Anglais que dans ce moment. — Oh, oh, c'est vous qui le dites ! c'est vous qui m'assurez que la Suède aime mieux rester avec moi ! mais des preuves, vous dis-je, des preuves ! — A la bonne heure ! votre état, à la suite d'une guerre malheureuse, réclamait des ménagemens. Eh bien ! j'en ai eu à mes dépens, comme une dupe. Vous m'avez enjôlé, vous-même ;

(1) Le commerce de Stralsund paya, par ordre du roi, la valeur de ce corsaire, qui ne fut pris que par une suite de sa propre imprudence. (*Note du ministre.*)

vous avez eu l'adresse de gagner la mauvaise saison ; vous avez eu le temps de débrouiller vos intérêts avec l'Angleterre. Est-il juste, s'il en existe encore contre la foi des engagemens, que j'en supporte la peine? Vous avez eu le loisir de vous mettre en état de défense ; vous avez encore l'hiver devant vous ; que risquez-vous donc? — Oui, le commerce d'exportation ; c'est le cheval de bataille ; où est-il donc, ce pavillon neutre? Il n'y a plus de neutres : l'Angleterre n'en reconnaît point ; je ne veux pas plus en reconnaître. — Le sel! oui, le sel! on trouve moyen d'avoir ce qui est nécessaire. Que fîtes-vous, lorsque en 1801 vous étiez en brouillerie ouverte avec l'Angleterre? — Souffrir! croyez-vous que je ne souffre pas, moi? que la France, que Bordeaux, que la Hollande, que l'Allemagne ne souffrent pas? Mais voilà précisément pourquoi il faut en finir. La paix maritime à tout prix! *(Ici l'empereur s'anima terriblement.)* Oui, la Suède est la seule cause de la crise que j'éprouve. La Suède m'a fait plus de mal que les cinq coalitions ensemble. Mais aujourd'hui, rendue à ses communications avec le reste de l'Europe, elle en profite pour faire le commerce de l'Angleterre. — Ah! monsieur, du temps, toujours du temps!

J'en ai trop perdu. Il vous en fallait, dites-vous, pour entrer sans trop de sacrifices dans le nouveau système ; il m'en fallait aussi, ajoutez-vous, pour faire du bien à la Suède. Eh bien! n'ai-je rien fait? Ecoutez : Lorsque vous fîtes choix du prince de *Ponte-Corvo*, ne risquai-je rien en lui permettant d'accepter? N'ai-je pas été sur le point de me brouiller avec la Russie? N'y a-t-on pas cru, n'y croit-on pas peut-être encore, que vous de votre côté, les Saxons et les Polonais de l'autre, soutenus par moi, s'armeraient pour reconquérir leurs provinces perdues? Les têtes ne sont-elles pas, dans ce moment même, fort électrisées en Pologne? Qu'ai-je fait, alors? J'ai laissé dire ; j'ai laissé circuler des bruits qui pouvaient détacher la Russie de mon système ; ce n'est que maintenant que, plus en plus détrompé sur la politique suédoise, j'ai dû prendre un parti. Je ne vous le cacherai point, je viens de renvoyer M. de Czernicheff en Russie ; je l'ai instruit de la déclaration que je vous fais aujourd'hui; j'engage fortement l'empereur Alexandre de faire la même démarche de son côté. Choisissez! des coups de canon aux Anglais qui s'approchent de vos côtes, et la confiscation de leurs marchandises en Suède, ou la guerre avec la France ! Je ne puis vous faire grand mal : j'occupe la Poméranie, et vous ne vous en souciez pas trop ; mais je puis vous faire attaquer par les Russes, par les Danois ; je puis confisquer tous vos bâtimens sur le continent ; et je le ferai, si dans 15 jours vous n'êtes pas en état de guerre avec l'Angleterre. — Oui, vous avez raison ; il faut compter l'allée et le retour du courrier, et quelque chose de plus. Eh bien ! je vous ordonne, M. de Cadore, d'expédier un courrier sur-le-champ. Je vous engage, M. le baron, d'en faire autant. Si cinq jours après la démarche officielle de M. Alquier, le roi ne s'est point décidé pour l'état de guerre avec l'Angleterre, M. Alquier partira sur-le-champ, et la Suède aura la guerre avec la France et tous ses alliés. — Oui, c'est juste, je n'ai point positivement demandé l'état de guerre avant ce moment ; mais j'y suis maintenant forcé par tous les motifs imaginables. D'abord, la Suède a prouvé qu'elle ne peut rester dans un état mixte avec l'Angleterre, sans faire le plus grand tort au continent ; ensuite les choses ont pris un développement général, qui exige une parfaite égalité de mesures, ou bien un état ouvert d'hostilités. Voyez ce que toutes les autres puissances ont cru devoir faire. La Russie, plus forte que les autres, n'a obtenu la paix avec moi, qu'à condition de déclarer sur-le-champ la guerre à l'Angleterre. L'Autriche, puissance du premier ordre, si la France n'existait point, a franchement pris son parti. J'ai assez long-temps été la dupe de la Prusse, comme la vôtre. Elle vient enfin de reconnaître, par la catastrophe de la Hollande, qu'il fallait se déterminer; elle a franchement adopté l'état de guerre. Le Danemarck l'a fait depuis long-temps; mais à quel titre puis-je exiger de ce pays ce que je ne puis obtenir de la Suède? Eh! me dis-je souvent, qui sait si je serai toujours bien avec la Russie? qui peut connaître le chapitre des événemens? ne sera-t-il pas un jour du plus grand intérêt pour moi d'avoir dans le Nord une puissance amie, forte de ses propres moyens ainsi que de mon alliance? Mais croit-on maintenant en Suède que je pourrais, en faveur du nouveau prince-royal, relâcher quelque chose de mes principes invariables? au contraire, la crise politique dans laquelle je me suis mis en faveur d'elle, me fournit un titre de plus. — Cepen-pendant la Suède a une grande obligation à la personne de prince-royal, car sans ce choix (nullement influencé par moi) j'aurais il y a deux mois fait la démarche à laquelle je me vois aujourd'hui forcé. Je me repens maintenant de ce délai, qui, vu la saison, vous a été si profitable, non parce que je regrette ce qui peut vous arriver de bien, mais parce que vous m'avez trop maltraité. Depuis long-temps l'office qui devait vous être adressé, se trouve préparé dans les bureaux de M. de Cadore (*révérence affirmative du ministre*); mais je voulais attendre l'arrivée du prince-royal, qui est instruit de ma façon de penser (1). Je ne l'ai pas pu. Je vous l'ai dit, j'étais sur le point de me brouiller avec la Russie; je donnais à toute l'Europe la pensée que dans ce moment décisif, mon système pouvait être susceptible de modifications. D'ailleurs, de nouvelles plaintes sur la Suède m'arrivaient de toutes parts. — Ah ! je sais ce que vous avez à me dire ! j'ai lu tout ce que vous avez écrit. Eh bien, soit; il peut y avoir eu des exagérations

(1) L'empereur Napoléon avait promis au prince-royal de ne rien exiger de la Suède avant le mois de mai 1811, et le prince-royal l'assura qu'après ce terme, la Suède déroulerait sa politique, et serait franchement pour ou contre le système continental, suivant que ses intérêts le lui commanderaient. (*Note de l'éditeur.*)

dans les plaintes, mais assez de vérité de reste. J'aurais désiré que vous eussiez eu une meilleure cause à défendre. — Eh non! la position du prince-royal ne deviendra pas si difficile; tout vient d'ici; il n'a point l'embarras de l'initiative. Mais encore, a-t-on cru en Suède pouvoir, sans ressentiment de mon côté, servir la cause de l'Angleterre, parce que j'aime et que j'estime le prince-royal? j'aime et j'estime aussi le roi de Hollande; il est mon frère, je suis cependant encore brouillé avec lui; j'ai fait taire la voix du sang pour écouter celle de l'intérêt général. Si vous étiez sur mes frontières, je serais à regret forcé d'en agir comme je viens de le faire avec la Suisse; j'ai fait marcher des troupes; le gouvernement a confisqué les marchandises anglaises : enfin résumons-nous. Que la Suède fasse les choses comme elle l'entend, je sais que je suis hors d'état de la forcer. Qu'elle se mette franchement du côté de l'Angleterre, contre moi et mes alliés, si c'est-là son intérêt, ou qu'elle se réunisse avec moi contre l'Angleterre. Mais le temps du doute est passé : les cinq jours expirés, M. Alquier part, et je vous donne vos passeports. Vous n'avez fait que dire ce que vous deviez dire; mais je ne puis alors que vous renvoyer. Guerre ouverte ou amitié constante, voilà mon dernier mot, ma déclaration ultimate. Adieu. Puissé-je vous revoir sous de meilleurs auspices !

L'empereur me quitta sans vouloir plus m'entendre. En sortant de chez l'empereur je ne vis plus personne dans l'autre pièce, pas même les officiers du service. Je ne sais ce qui avait donné lieu à cette circonstance extraordinaire, si c'était un ordre ou bien la discrétion spontanée des fonctionnaires, parce que l'empereur avait souvent élevé la voix d'une telle force, qu'il était impossible de ne point l'entendre dans la pièce voisine.

J'eus ensuite une conférence avec le duc de Cadore, au sortir de laquelle je partis pour Paris. Cet entretien ne fut qu'une répétition de ce qui s'était passé chez l'empereur, pour que ma dépêche à Votre Majesté et celle du ministre au baron Alquier s'accordassent autant que possible. Tout étant dit sur le fond, je témoignai au duc de Cadore combien j'étais sensible à la forme dure et violente que l'empereur avait mise dans ses demandes. Le ministre fit valoir de son mieux la satisfaction que j'avais eue (me disait-il) d'adoucir la vivacité de l'empereur, surtout vers

5.

la fin, et fit beaucoup ressortir les passages qui exprimaient quelqu'intérêt ou qui donnaient quelques espérances pour l'avenir. Il me donna un passe-port de courrier tout préparé d'avance. Il me promit de n'envoyer son courrier de Fontainebleau que vers le même temps où j'expédierais le mien de Paris, c'est-à-dire dans la soirée d'aujourd'hui, pour que celui-ci pût prendre un peu l'avance. Il m'assura que M. Alquier aurait deux jours pour préparer son office, outre les cinq qui formaient le terme de prescription. Il s'attacha beaucoup au fait qu'il me pria de bien faire valoir, que l'élection de monseigneur le prince-royal, loin d'avoir provoqué la démarche de l'empereur, l'avait retardée de quelques mois, et avait par-là préparé à la Suède un délai doublement important à cause de la saison. Il ajouta même que la résolution de l'empereur de faire sa démarche pendant que le prince était censé en voyage, avait en partie pour but l'attention de ne point le dépopulariser innocemment.

## N°. III.

*Note du Ministre de France, le baron Alquier, au Ministre d'état baron d'Engestrom, en date de Stockholm le* 13 *novembre* 1810.

Monsieur le baron!

J'ai plusieurs fois prédit à Votre Excellence que l'interprétation évidemment fausse, donnée par la Suède à ses engagemens avec la France, produirait quelque évènement grave et important. Je ne perdrai point, M. le baron, à rappeler des explications désormais inutiles, le peu de temps qui m'est laissé pour exposer les demandes que je suis chargé de faire à votre cour.

Sa Majesté l'Empereur et Roi est informé qu'en contravention au traité de Paris, le commerce le plus actif continue entre la Suède et l'Angleterre; qu'il existe une correspondance régulière entre les deux pays; que des paquebots vont et viennent régulièrement d'Angleterre et d'Ecosse à Gothembourg; qu'il part des ports suédois, non pas quelques navires avec une destination simulée, mais d'immenses convois, dirigés ouvertement vers l'Angleterre. Des renseignemens incontestables ont prouvé que du 20 au 22 septembre, plus de 1500 bâtimens avec des cargaisons anglaises destinées pour la Baltique et la mer du Nord, se trouvaient en rade de Gothembourg, et que le ministère suédois ne se bornant pas à fermer les yeux sur cet état de choses, donnait des permissions de commercer directement avec l'Angleterre. Sa Majesté l'Empereur et Roi ne se croit pas seulement blessé par une violation si manifeste du traité de Paris, mais elle y voit avec un ressentiment profond et légitime une des causes qui, en empêchant la conclusion de la paix avec l'Angleterre, aggrave et prolonge les malheurs de l'Europe. Si le gouvernement britannique ne se reposait pas avec sécurité sur la funeste condescendance de la Suède, les bâtimens anglais, qui ont pénétré en si grand nombre cette année dans la Baltique, n'y seraient pas entrés, parce qu'aucun asile ne leur eût été offert; mais ils étaient sûrs de recevoir, sur le littoral suédois, un accueil amical. Là, on leur fournissait de l'eau, des vivres, du bois; là, ils pouvaient attendre et saisir à-propos le moment d'introduire leurs denrées sur le continent, et partout cette importation était favorisée. Sa Majesté l'Empereur doit à sa dignité de ne pas souffrir plus long-tems une infraction si éclatante d'un traité, dans lequel n'écoutant que ses sentimens d'estime et d'affection pour le roi, elle s'est montrée si généreuse envers la nation suédoise.

Il est constant, Monsieur, que la Suède, par ses relations commerciales avec les Anglais, rend inutiles les sacrifices et les efforts du continent; que dans sa prétendue neutralité elle est l'alliée la plus utile qu'ait jamais eu le gouvernement britannique, et qu'elle se constitue ainsi l'ennemi des puissances continentales après avoir adhéré à leurs principes. Mais lorsque la France, la Russie, l'Autriche, la Prusse et toutes les autres contrées de l'Allemagne souffrent et s'imposent des privations pénibles pour acheter la paix, on ne doit pas s'attendre que la Suède puisse trouver plus long-tems, dans la violation de ses promesses, le moyen d'assurer paisiblement sa prospérité et de se procurer d'immenses richesses. Sa Majesté l'Empereur et Roi mon maître, désirant changer un ordre de choses aussi opposé au système adopté par la presque totalité de l'Europe, m'a formellement chargé de presser par les plus vives instances, Sa Majesté suédoise, de déclarer la guerre à l'Angleterre, d'ordonner en même temps la saisie des bâtimens anglais dans tous les ports, ainsi que la confiscation des denrées et marchandises anglaises ou coloniales, partout où elles se trouveront, et sous quelque pavillon qu'elles aient été importées, contre la teneur des traités, et postérieurement à la déclaration du Roi, qui interdisait ses états au commerce britannique. Je dois de plus déclarer à Votre Excellence que Sa Majesté Impériale attache une telle importance aux propositions que je viens d'énoncer en son nom, qu'elle m'ordonne expressément, dans le cas où le Roi ne jugerait pas à propos d'y consentir pleinement et sans restriction, de me retirer, sans prendre congé, cinq jours après la date de la dépêche que j'ai l'honneur d'adresser à Votre Excellence.

Je vous prie, etc.

ALQUIER.

## No. IV.

*Réponse du Ministre d'état au baron Alquier, en date de Stockholm le* 18 *novembre* 1810.

J'ai mis sous les yeux du Roi la lettre que vous avez bien voulu m'adresser en date du 13 de ce mois, et c'est par ordre exprès de Sa Majesté que j'ai l'honneur de vous faire la réponse suivante :

Que le Roi, accoutumé à remplir avec exactitude toutes les obligations qu'il a contractées, a agi envers la France avec sa loyauté ordinaire. Il ne s'est pas permis d'expliquer le traité de Paris. Il a voulu qu'il fût observé par ses sujets selon sa teneur littérale. Le traité a été publié pour leur servir de règle. Aucune permission spéciale n'a été donnée comme vous paraissez le croire.

Le gouvernement suédois a fait cesser toute communication avec l'Angleterre. Les comptoirs de poste de la Suède ne reçoivent aucune lettre venue de ce pays, et n'y font aucune expédition.

Aucun paquebot anglais n'entre dans un port de la Suède, qui se trouve sous surveillance. Il est pourtant très-possible que des communications puissent avoir lieu par fraude et par conséquent à l'insu du gouvernement. Les côtes de la Suède sont d'une si grande étendue, qu'il est impossible de les garder. Il faut croire que d'autres pays se trouvent dans le même cas, car nous voyons tous les jours dans les gazettes des nouvelles d'Angleterre arrivées par la France, et déjà avant la paix de Paris des lettres anglaises sont venues en Suède par l'Allemagne.

D'immenses convois ne sont assurément pas sortis des ports de la Suède pour l'Angleterre. Ce que vous appelez la *rade de Gothembourg* est apparemment *Vinga-Sand*, éloigné de Gothembourg de 8 lieues de France, et de 6 du continent de la Suède, et par conséquent très-fort hors la portée du canon. Les convois s'y assemblent parce qu'ils ne peuvent pas y être troublés. Les 1500 bâtimens et au-delà qui doivent s'être trouvés à *Vinga*, où sont-ils allés? Assurément pas dans les ports de la Suède. S'ils ne sont pas confisqués chez nos voisins, il faut croire à la vérité des rapports qui annoncent des fraudes immenses commises même chez ceux qui en mettent sur notre compte, dans l'intention de nous nuire.

On n'a qu'à jeter les yeux sur la carte de Suède pour se persuader de l'impossibilité de garder sur tous les points des côtes aussi vastes, remplies de ports, et garnies d'une immense quantité d'îles, toutes propres au débarquement. Si l'on parvient à mettre une d'elles en état de défense, les Anglais s'emparent d'une autre, et tout ce qu'on peut faire est en pure perte. L'année passée toute la puissance de l'empire russe n'était pas en état d'éloigner les Anglais de *Nargon*, île située à l'entrée du port de Reval, devant laquelle une partie de la flotte anglaise était stationnée. Il n'y a pas eu de condescendance de la part du gouvernement suédois; il a dû souffrir ce qu'il n'a pas été en état d'empêcher, n'ayant pas les moyens pécuniaires nécessaires, ni les forces navales suffisantes pour éloigner les Anglais. Ils étaient maîtres de la mer. *Si de là ils attendaient et saisissaient le moment d'introduire leurs denrées sur le continent*, la Suède ne pouvait pas l'empêcher; et *si cette importation était partout favorisée*, ce n'est pas à la Suède, mais bien aux puissances continentales qu'il faut s'en tenir.

Vous me parlez, Monsieur, d'immenses richesses accumulées en Suède par le commerce, et vous ne pouvez pas ignorer que l'argent de la Suède perd 80 pour 100 contre celui de Hambourg, et encore plus contre celui de France; et le cours du change étant l'unique échelle d'après laquelle on puisse juger du gain que fait le commerce d'un pays, je vous laisse à vous-même à déterminer, Monsieur, les avantages que la Suède a retirés du sien.

S. M. l'empereur des Français et roi d'Italie ayant maintenant cru devoir faire de nouvelles demandes, qui donnent une plus grande extension aux traités subsistans entre la Suède et la France, et le Roi, mon auguste maître, n'écoutant en cette occasion, que ses sentimens invariables d'estime et d'amitié envers Sa Majesté Impériale et Royale, s'est décidée à donner une nouvelle garantie de ses intentions et des principes qui le guident.

Sa Majesté m'a en conséquence ordonné de vous annoncer, Monsieur, qu'elle déclare la guerre à l'Angleterre; qu'elle ordonne la saisie des bâtimens anglais qui se trouveraient, contre toute attente, dans les ports de Suède; que pour ne donner lieu à aucune imputation ultérieure par rapport à une connivence secrète avec la Grande-Bretagne, ou à une introduction suivie et franduleuse de denrées coloniales sur le continent, le Roi fera renouveler, de la manière la plus sévère, la prohibition déjà existante, contre l'introduction en Suède de denrées ou de marchandises anglaises ou coloniales; défendra sans restriction toute importation de ces denrées ou marchandises, quelle que soit leur origine ou le pavillon sous lequel elles soient apportées, et ne permettraplus dès à présent, et sans la moindre restriction, aucune exportation de Suède sur le continent, desdites marchandises ou denrées. De plus, Sa Majesté donnera les ordres nécessaires pour que, par des recherches, la totalité des denrées ou marchandises anglaises ou coloniales, importées en Suède, sous quelque pavillon que ce soit, postérieurement au 24 avril de la présente année, soit constatée et mise à la disposition légale du Roi.

En se portant à ces sacrifices, dont l'expérience prouvera la grandeur, le roi a principalement eu en vue, et son amitié constante pour S. M. l'empereur des Français, et son désir de contribuer aussi de son côté au succès du grand principe qui vient d'être allégué contre la Suède, par rapport à la paix maritime. Ce n'est qu'en réunissant ses efforts à ceux du continent, pour accélérer cette époque si bienfaisante pour l'humanité, que Sa Majesté pourra justifier, en partie, aux yeux de ses sujets, les pertes immenses auxquelles les circonstances vont les assujettir, et prouver à l'Europe qu'il n'a point dépendu d'elle de voir en ce moment la paix régner sur les mers, et le commerce rendu à son indépendance primitive.

C'est avec les sentimens, etc.

Le baron d'ENGESTROM.

## N°. V.

*LETTRE de Bernadotte, prince-royal de Suède, à S. M. l'empereur des Français, en date de Stockholm le 11 novembre 1810.*

SIRE !

Dans ma première entrevue avec M. le baron Alquier, il m'a été facile de voir que ce ministre avait reçu des instructions très-sévères, relativement au commerce anglais, et qu'elles avaient été motivées sur des plaintes portées à Votre Majesté contre la faveur que la Suède semblerait accorder à ce commerce.

J'ai voulu connaître la vérité. J'ai envoyé de suite une personne sûre à Gothembourg pour y prendre des informations. Le commerce anglais n'y est point toléré comme on a pu le dire à Votre Majesté. Il est vrai qu'il y a eu, comme partout, des contrebandiers, et ce sont pour la plupart des Juifs qui s'entendent avec d'autres Juifs établis dans les pays voisins; mais le gouvernement prend toutes les mesures pour faire cesser ce commerce illicite. Je prie seulement Votre Majesté de ne point ajouter foi à des rapports exagérés, qui ne peuvent être dictés que par l'intérêt personnel de ceux qui se plaisent à les faire, et par un esprit de haine que les ennemis de la Suède se plaisent à propager.

Je prie aussi Votre Majesté de vouloir bien remarquer que l'autorité royale en Suède est très-limitée, et qu'il est certains usages et prérogatives que la constitution ne lui permet pas de froisser. Ce dont je puis assurer Votre Majesté, c'est que tout ce qui est possible sera fait, pour seconder le système continental.

## N°. VI.

*Lettre de Bernadotte, prince-royal de Suède, à S. M. l'empereur des Français, en date de Stockholm le 19 novembre 1810.*

Sire!

Par ma lettre du 11 novembre j'ai eu l'honneur d'instruire Votre Majesté que le Roi était prêt à faire tout ce que les lois constitutionnelles lui permettaient, pour arrêter l'introduction des marchandises. Le ministère s'occupait d'un règlement très-sevère à ce sujet, lorsqu'une dépêche de M. de Lagerbjelke est venue porter la douleur dans l'âme du Roi, et déranger sa santé d'une manière bien sensible. — Cette dépêche nous prouvait à quel point Votre Majesté était prévenue contre nous, puisqu'en nous donnant cinq jours pour répondre, elle nous traitait avec la même rigueur qu'une nation ennemie; et la note officielle remise par M. le baron Alquier n'a laissé à la Suède que l'affligeante alternative, ou de voir rompre les liens qui l'unissent à la France, ou de se livrer à la merci d'un ennemi formidable, en lui déclarant la guerre sans posséder aucun moyen pour le combattre.

En me décidant à accepter la succession au trône de Suède, j'avais toujours espéré, Sire, concilier les intérêts du pays que j'ai servi fidèlement et défendu pendant trente années, avec ceux de la patrie qui venait de m'adopter. A peine arrivé, j'ai vu cet espoir compromis, et le Roi a pu remarquer combien mon cœur était douloureusement combattu entre son attachement à Votre Majesté et le sentiment de ses nouveaux devoirs.

Dans une situation si pénible, je n'ai pu que m'abandonner à la décision du Roi, et m'abstenir de prendre part aux délibérations du conseil-d'état.

Le conseil ne s'est pas dissimulé,

1°. Qu'un état de guerre ouverte, provoqué par nous, causera infailliblement la capture de tous les bâtimens qui sont allés porter du fer en Amérique.

2°. Qu'à la suite d'une guerre malheureuse, nos magasins sont vides, nos arsenaux sans activité et dépourvus de tout, et que les fonds manquent pour parer à tous les besoins.

3°. Qu'il faut des sommes considérables

pour mettre à couvert la flotte de Carlskrona et réparer les fortifications de cette place, sans qu'il y ait aucun fonds pour cet objet.

4°. Que la réunion de l'armée exige une dépense extraordinaire d'au moins 7 à 8 millions, et que la constitution ne permet pas au Roi d'établir aucune taxe sans le consentement des états-généraux.

5°. Enfin, que le sel est un objet de première et absolue nécessité en Suède, et que c'est l'Angleterre seule qui l'a fourni jusqu'ici.

Mais toutes ces considérations, Sire, ont disparu devant le désir de satisfaire Votre Majesté; le Roi et son conseil ont fermé l'oreille au cri de la misère publique, et l'état de guerre avec l'Angleterre a été résolu, *uniquement par déférence pour Votre Majesté*, et pour convaincre nos calomniateurs que la Suède, rendue à un gouvernement sage et modéré, n'aspire qu'après la paix maritime. Heureuse, Sire, cette Suède si mal connue jusqu'à présent, si elle peut obtenir, en retour de son dévouement, quelques témoignages de bienveillance de la part de Votre Majesté.

## N°. VII.

*Lettre de Bernadotte, prince-Royal de Suède, à S. M. l'empereur des Français, en date de Stockholm le 8 décembre 1810.*

Sire!

Par ma lettre du 19 novembre j'ai eu l'honneur de vous informer que le Roi, fidèle aux sentimens qu'il a voués à Votre Majesté, a déclaré la guerre à l'Angleterre, malgré tout ce que la sûreté de ses Etats lui objectait contre cette démarche, et dans l'unique vue de plaire à Votre Majesté.

Le Roi sera toujours fier d'avoir donné cette preuve de son dévouement à Votre Majesté; c'est à moi qui suis chaque jour témoin de ses peines et de ses inquiétudes, c'est à moi d'en appeler à la magnanimité de Votre Majesté dans une circonstance qui peut influer sur la santé du Roi et sur le bonheur de la Suède. Je me flatte que Votre Majesté accueillera avec bonté mes observations. En m'adressant à vous directement, Sire, j'use d'un ancien avantage que j'aimerai toujours à conserver, et qui fera renaître dans mon âme des souvenirs aussi agréables que glorieux.

La Suède, dans le triste état où le dernier règne l'a réduite, ne pouvait ni ne devait plus aspirer qu'à une longue paix. C'était l'unique moyen de réparer, par l'agriculture et le commerce, les pertes qu'elle a faites, de rétablir ainsi par degrés ses finances, et de recréer entièrement son système militaire et son administration. Loin de cela, c'est elle qui vient de déclarer la guerre; elle a hasardé cette démarche sans avoir un seul bataillon prêt à marcher, sans que ses arsenaux ni ses magasins renfermassent aucun approvisionnement; et ce qui est pis encore, sans le premier sou pour fournir aux dépenses d'une si grande entreprise; en un mot, dans l'état où se trouve le gouvernement de ce pays, une telle démarche le ferait sans doute accuser de folie, si l'appui de Votre Majesté ne devait tout légitimer.

La Suède, il est vrai, possède en elle-même les principes d'une grande force; ses habitans sont naturellement guerriers; sa constitution permet de mettre 80,000 hommes sur pied et sa population mâle est telle, que cette levée peut se faire très-aisément; mais vous le savez,

Sire, *la guerre ne se nourrit que par la guerre*, et un grand état militaire purement défensif, est une charge que la Suède ne peut supporter sans un secours étranger (1).

Les lois constitutionnelles défendent au Roi d'établir de nouvelles taxes sans le consentement des états-généraux; et la guerre vient de détruire une des principales branches du revenu public, le produit des douanes, qui rapportait plus de six millions de francs par an. Il faut ajouter à cela que les contributions sont arriérées, et que les confiscations qui s'exercent, portent sur les sujets suédois, et non sur les étrangers, qui ont eu la précaution de s'assurer du paiement des marchandises importées.

Enfin, Sire, notre situation est des plus alarmantes, *si la France ne vient à notre secours*. Depuis la première alliance conclue entre François Ier. et Gustave-Vasa, la France a été non-seulement l'amie constante de la

---

(1) Ici le prince-royal demande assez clairement des subsides à Napoléon pour combattre sous ses étendards; nous verrons plus tard que celui-ci fit une très-grande faute en laissant prendre l'initiative à l'Angleterre, qui se hâta de prodiguer l'or en Suède. (*Note de l'éditeur.*)

Suède, mais encore elle l'a appuyée et secourue dans toutes ses guerres. La nature semble avoir destiné ces deux nations à vivre en harmonie; et si elle a refusé aux Suédois les richesses, elle les a doués de la valeur et de toutes les qualités propres à l'exécution des plus vastes desseins. Il n'y a ici qu'un voeu, celui d'être sincèrement d'accord avec la France, *et de participer à sa gloire, toutes les fois que l'occasion s'en présentera;* mais l'argent nous manque.

En paix, le Suédois laborieux, content de ses champs et de ses mines, eût attendu patiemment du temps et de ses économies, un état plus heureux. Forcés par V. M. à déclarer la guerre, nous nous tournons avec confiance vers elle; *nous lui offrons nos bras et du fer*, et nous lui demandons en retour les moyens que la nature nous a refusés.

Daignez, Sire, prendre en considération particulière l'état de ce pays, et veuillez agréer avec bonté l'expression des sentimens, etc.

## N°. VIII.

*Lettre de Napoléon à Bernadotte, prince-royal de Suède* (1).

Aux Tuileries, le 8 mars 1811.

Monsieur le prince-royal de Suède : votre correspondance particulière m'est parvenue ; j'ai apprécié, comme la preuve des sentimens d'amitié que vous me portez, et comme une marque de la loyauté de votre caractère, les communications que vous me faites. Aucune raison politique ne m'empêche de vous répondre.

(1) Cette lettre a paru tout récemment dans le 7e. cahier, 1er. volume de la *Bibliothèque historique* ; mais indépendamment de plusieurs altérations dans le texte, cette pièce y porte une date fausse qui intervertit l'ordre chronologique des événemens. L'original est daté du 8 *mars* 1811, et non pas du 8 *août*. C'est une réponse aux lettres du prince-royal, précédemment rapportées dans ce recueil, sous les numéros 5, 6 et 7. Nous l'avons fidèlement copiée sur le texte. ( *Note de l'éditeur*. )

Vous appréciez, sans doute, les motifs de mon décret du 21 novembre 1806. Il ne prescrit point de lois à l'Europe, il trace seulement la marche à suivre pour arriver au même but; les traités que j'ai signés font le reste. Le droit de blocus que s'est arrogé l'Angleterre, nuit autant au commerce de Suède, est aussi contraire à l'honneur de son pavillon et à sa puissance maritime, qu'il nuit au commerce de l'empire français et à la dignité de sa puissance.

Les prétentions dominatrices de l'Angleterre sont plus offensives envers la Suède. Votre commerce est plus maritime que continental; la force réelle de la Suède est autant dans l'existence de sa marine que dans celle de son armée.

Le développement des forces de la France est tout continental. J'ai créé dans mes Etats un commerce intérieur qui donne l'impulsion à l'industrie agricole et manufacturière, par la rigoureuse prohibition des produits étrangers : cet état de choses est tel que je puis me passer du commerce extérieur (1).

---

(1) Il paraîtrait qu'il n'en était plus de même qu'en 1810, puisque l'empereur convient dans sa conversation à cette époque avec le ministre suédois,

Le maintien, l'observance ou l'adoption du décret de Berlin est donc, j'ose le dire, plus dans les intérêts de la Suède et de l'Europe que dans les intérêts de la France.

Telles sont les raisons que ma politique peut opposer à celle de l'Angleterre. L'Angleterre ne veut pas la paix, elle s'est refusée à toutes les ouvertures que je lui ai fait faire ; la guerre ayant agrandi son commerce et sa domination, elle craint les restitutions ; elle ne veut point consolider le système politique de l'Europe par un traité, parce qu'elle ne veut pas que la France soit puissante. Je veux la paix ; mais je la veux durable, entière ; je veux qu'elle assure les nouveaux intérêts créés par la conquête. Sur ce point votre Altesse Royale ne doit pas différer de sentimens avec moi.

J'ai des vaisseaux, je n'ai point de marins ; je ne puis lutter avec l'Angleterre, je ne puis la forcer à la paix qu'avec le *système continental*. Je n'éprouve en cela aucun obstacle de

---

que la France, la Hollande et l'Allemagne souffrent et sont dans un état de crise. Ceci s'explique par l'extension que reçut journellement son système depuis 1810 jusqu'à 1811, et par l'adhésion des puissances maritimes du continent à ce système. (*Note de l'éditeur.*)

la Russie et de la Prusse ; leur commerce n'a qu'à gagner par les probibitions (1).

Votre cabinet se compose d'hommes éclairés. Il y a de la dignité et du patriotisme dans la nation suédoise ; l'influence de votre Altesse Royale dans le gouvernement est généralement approuvée; elle trouvera peu d'obstacles à soustraire ses peuples à la domination mercantile d'une nation étrangère. Ne vous laissez pas prendre aux appâts trompeurs que vous présentera l'Angleterre. L'avenir prouvera que quels que soient les événemens, les souverains de l'Europe seront forcés d'en venir à des lois prohibitives qui les rendent maîtres chez eux.

L'art. 3 du traité du 24 février 1810 corrige les stipulations incomplètes du traité de *Frédéricksham* (2). Il faut qu'il soit rigoureusement observé pour tout ce qui regarde les produits de l'Angleterre. Vous me dites que vous

---

(1) Cette vérité a été sentie depuis en Allemagne, lorsqu'après les événemens de 1814, on a vu les produits des manufactures anglaises inonder l'Europe, et ruiner son industrie et son commerce. Les marchands de Leipsick n'avaient rien compris jusques-là au système continental ; que de gens ont eu la vue aussi courte !

(2) Le traité de Frédéricksham fut conclu peu de

ne pouvez vous en passer, et qu'à défaut de leur introduction, les revenus de vos douanes diminuent. Je vous donnerai pour vingt millions de denrées coloniales que j'ai à Hambourg, vous me donnerez du fer en échange ; vous n'aurez point d'argent à exporter de la Suède; cédez ces denrées à des marchands, ils payeront les droits d'entrée ; vous vous débarrasserez de vos fers.

Soyez fidèle au traité du 24 février; chassez les contrebandiers anglais de la rade de Gothembourg ; chassez-les de vos côtes, où ils trafiquent librement. Je vous donne ma parole que de mon côté je garderai scrupuleusement les conditions de ce traité. Je m'opposerai à ce que vos voisins s'approprient vos possessions continentales. Si vous manquez à vos engagemens, je me croirai dégagé des miens.

Je désire m'entendre toujours amicalement avec votre Altesse Royale. Je verrai avec plaisir qu'elle communique cette réponse à S. M. sué-

---

temps après l'entrevue du maréchal Brune avec l'ancien roi de Suède, et l'élévation de Charles XIII sur le trône. (*Notes de l'éditeur.*)

doise, dont j'ai toujours apprécié les bonnes intentions.

Mon ministre des affaires étrangères répondra officiellement à la dernière note que le comte d'Essen a fait mettre sous mes yeux.

Cette lettre n'étant à autre fin, je prie Dieu, M. le Prince-Royal de Suède, qu'il vous tienne en sa sainte et digne garde.

NAPOLÉON.

## N°. IX.

*Lettre de Bernadotte, prince-royal de Suède, à S. M. l'empereur des Français, en date de Stockholm le* 19 *décembre* 1810.

Sire !

M. de Czernicheff (1) m'a demandé si je le chargerais d'une lettre pour V. M. Je me suis empressé de le faire, espérant qu'il dira à V. M. ce qu'il a vu en Suède. En effet, Sire, plein de confiance en votre magnanimité et dans vos bontés particulières pour moi, je n'ai qu'une seule chose à désirer, c'est que la vérité vous soit connue.

M. de Czernicheff dira à V. M. que la Suède est sur le point d'être réduite à l'état le plus déplorable; qu'elle est sans aucun moyen pour soutenir la guerre qu'elle vient de déclarer; que cependant le gouvernement redouble d'efforts dans une crise aussi violente; mais

(1) Lieutenant et aide-de-camp général de l'empereur de Russie.

qu'il n'est pas au pouvoir du Roi d'étendre comme ailleurs le système des confiscations ; que la constitution garantit ici les droits et les propriétés de chacun, et que si le Roi même adoptait une mesure contraire, aucun conseiller-d'état ne pourrait y donner son assentiment.

J'ai le bonheur d'avoir pour moi l'opinion générale de la nation ; mais certainement je perdrais cette force morale le jour où l'on me croirait l'intention de porter la moindre atteinte à la constitution.

Le Roi offre à V. M. tout ce qui est en son pouvoir. Aucun sacrifice ne lui coûtera pour prouver à V. M. son dévouement à la France ; mais je vous en conjure, Sire, daignez calculer nos moyens, et accordez-nous la confiance que nous méritons par notre attachement sincère et inaltérable.

## N°. X.

*Note du baron Alquier à S. E. M. le baron d'Engestrom, en date de Stockholm le 26 décembre 1810.*

Monsieur le Baron !

Je suis heureux d'obéir à l'ordre qui m'a été donné d'annoncer à Votre Excellence combien S. M. l'empereur et roi, a été satisfait en apprenant que S. M. le roi de Suède, convaincu de la nécessité de forcer l'Angleterre à consentir enfin à la paix, avait déclaré la guerre à cette puissance. L'empereur n'attendait pas moins, M. le baron, de la longue expérience du roi, de l'attachement de ce monarque aux intérêts de la France, et de la sagesse d'un conseil dans lequel délibère un prince qui connaît les intentions pacifiques de S. M. I. et qui a combattu si long-temps, et avec tant de gloire, pour la cause qui arme aujourd'hui la Suède. L'empereur mon maître, attachant beaucoup de prix à procurer à votre commerce tous les avantages dont il pourra le faire jouir, a donné ses ordres, non-seulement dans les ports de son empire, mais encore dans tous ceux qui sont au-delà de la Baltique, de recevoir tous les produits de leur sol que les Suédois voudraient y transporter, et de leur permettre d'en retirer les approvisionnemens qui leur seront nécessaires. S. M. I. veut même expressément que, dans le cas où la Suède aurait besoin de blé, elle pût en exporter librement des ports français, en ne payant que le dixième des droits qui sont perçus sur les cargaisons destinées pour toutes les autres contrées de l'Europe. Sa Majesté ne met à cette faveur d'autre mesure, que l'engagement qui sera imposé aux armateurs, de ne pas faire passer ces blés en Angleterre.

Le dernier entretien que j'ai eu l'honneur d'avoir avec Votre Excellence a dû vous convaincre, M. le baron, de l'intention dans laquelle est l'empereur mon maître, de rétablir dans toute leur étendue les liaisons qui existaient autrefois entre la France et la Suède. J'ai à me féliciter, et j'en informerai ma cour, des dispositions que Votre Excellence a manifestées à ce sujet, en m'observant que son adhésion personnelle était la conséquence d'un système qu'elle avait toujours regardé comme essentiellement utile à la gloire du roi et au bonheur de ses peuples. S. M. l'empereur, accoutumé à compter sur les intentions amicales du roi, en jugeant des dispositions de ce prince par celles dont il est pénétré lui-même pour les intérêts de S. M. suédoise, m'a chargé, M. le baron, de demander comme un bon office auquel il attache infiniment de prix, et qui doit contribuer au succès de la cause commune, de mettre à sa solde le nombre de marins nécessaire pour compléter les équipages de quatre vaisseaux de la flotte de Brest. Il suffirait, pour répondre au désir de l'empereur, et pour satisfaire à la demande que j'ai l'honneur de vous adresser en son nom, que le nombre n'excédât pas, tant en officiers, maîtres d'équipages, soldats et matelots, celui de 2000 hommes. L'empereur se chargera de toutes les dépenses de leur voyage, et toutes les précautions seront prises pour que les soldats et les matelots soient convenablement entretenus, et que MM. les officiers soient pleinement satisfaits de leurs traitemens. Dans l'état de crise où se trouvent momentanément les finances de la Suède, il sera peut-être agréable au roi de diminuer les dépenses de sa marine, sans cependant laisser inactifs le talent et le courage de ses marins.

Le bon office que l'empereur demande à S. M. le roi de Suède, ayant déjà été rendu avec empressement par le Danemarck, Sa Majesté Impériale est convaincue qu'elle n'a pas trop présumé de l'amitié d'une puissance attachée depuis si long-temps à la France par une réciprocité d'intérêt et de bienveillance qui n'a jamais cessé d'exister.

Je prie Votre Excellence de recevoir les assurances de la haute considération, etc.

ALQUIER.

## N°. XI.

*Réponse de S. E. M. le baron d'Engestrom à la Note précédente, en date de Stockholm le 31 décembre 1810.*

Je me suis empressé de mettre sous les yeux du roi mon maître la lettre que vous m'avez fait l'honneur de m'adresser, Monsieur, en date du 26 de ce mois.

Lorsque Sa Majesté se détermina à déclarer la guerre à l'Angleterre et à donner au traité de Paris une extension ouvertement hostile, elle fut moins guidée dans cette résolution par les devoirs que lui imposaient ses engagemens, que par ceux de l'estime et de l'amitié invariable qu'elle a voués à l'empereur, votre auguste maître. Elle espérait d'avance que S. M. I. et R. apprécierait la grandeur des sacrifices que faisait la Suède. Votre lettre, Monsieur, vient d'en donner au roi une nouvelle assurance ; et Sa Majesté m'a ordonné de vous témoigner combien elle s'estime heureuse d'avoir pu, à cette occasion, assujettir la politique de son royaume aux seuls penchans de son cœur.

Le roi a appris avec une reconnaissance bien sincère la résolution qu'a daigné prendre S. M. I. et R. par rapport à l'exportation des blés du continent en Suède, ainsi qu'à l'admission des produits de son sol dans les ports de l'empire français et dans ceux situés au-delà de la Baltique. Tout en appréciant, comme il le doit, l'intention bienveillante de l'empereur, le roi ne croit pas devoir cacher à Sa Majesté que les progrès journaliers de l'agriculture en Suède mettent heureusement ce royaume à l'abri de la disette ; que l'expérience des dernières années a prouvé qu'il pouvait même exporter du blé, et que dans le moment actuel le prix de cette production est au-dessous de toutes proportions avec celui d'autres denrées.

Quant à l'exportation des produits du sol de la Suède, l'état de guerre avec l'Angleterre vient de faire cesser la possibilité de continuer cette exportation. Au moins sera-t-elle assujettie à des chances trop incertaines, pour pouvoir influer d'une manière efficace sur les interêts commerciaux de la Suède. Le roi espère cependant que l'empereur, par une suite de ses bonnes dispositions pour la Suède, voudrait, peut-être, lui acheter son fer. Il s'en trouve une quantité si considérable accumulée dans les magasins du pays, qu'on pourrait en livrer de suite pour plus de vingt millions de francs. Un achat aussi considérable ranimerait cette branche principale de l'industrie nationale, et ferait oublier à une classe nombreuse des habitans de la Suède, les pertes considérables que l'avenir lui prépare.

Les lois constitutionnelles de l'Etat empêchent le roi d'acquiescer de lui-même à la demande de l'empereur, par rapport aux 2000 matelots. Rivalisant avec le Danemarck dans le désir de contribuer à *l'accomplissement des grandes vues de S. M. I. et R.*, le roi ne croit cependant pas que l'exemple de ce pays, où la volonté du souverain est absolue, puisse être applicable à la Suède. A la suite des derniers évènemens qui ont placé Sa Majesté sur le trône, il a été renouvelé entre le souverain et la nation un pacte constitutionnel qu'il n'est au pouvoir de personne d'enfreindre. Sa Majesté regrette par conséquent, d'une manière bien vive, que le premier bon office que l'empereur lui demande, tombe précisément sur une chose qui ne dépend pas de sa seule volonté. Aucune nouvelle levée ne peut être faite, d'après la teneur de la constitution, qu'avec le consentement des Etats; celle à laquelle ils ont déjà consenti présuppose expressément la défense de la patrie, et le nombre des matelots ordinaires se trouve, après la perte de la Finlande, tellement diminué, qu'il suffit à peine au service de la marine, surtout dans les circonstances présentes.

Mais si le roi, comme il le désirerait, pouvait même réussir à écarter toutes les entraves que lui imposent les lois de l'Etat et les droits des citoyens, Sa Majesté craindrait cependant que les 2000 matelots suédois transférés à Brest n'y remplissent point entièrement la juste attente de S. M. I. et R. Attaché à son sol agreste, à ses relations domestiques et à ses habitudes, le *soldat suédois ne résiste point à l'influence d'un ciel méridional.* Il sera prêt à tout sacrifier pour la défense de ses foyers; mais loin d'eux, et en combattant plus immédiatement pour eux, son cœur n'aspirera qu'après la patrie : il porterait par conséquent dans les rangs français cette inquiétude et ce découragement qui, plus que le fer des ennemis, détruisent les plus belles armées (1).

---

(1) Ces raisons sont tout à fait spécieuses, et l'on ne saurait contester à l'adroit diplomate l'art avec

Quant aux officiers de la marine, aucun obstacle ne s'opposant à leur service en France, Sa Majesté permettra avec plaisir qu'ils profitent de l'offre généreuse de S. M. I. et R. La marine suédoise compte encore au nombre de ses officiers les plus distingués, ceux qui jadis ont suivi la carrière de l'honneur sous le pavillon français.

En vous communiquant, Monsieur, ces déterminations du roi mon maître, je crois de mon devoir de vous réitérer combien Sa Majesté éprouve de regret de ne pas pouvoir se prêter entièrement à l'accomplissement des désirs de l'empereur; Sa Majesté espère que les gages solennels qu'elle a donnés à cet auguste souverain, sur ses dispositions personnelles à son égard, lui serviront en ce moment de défense efficace auprès de Sa

---

lequel il les fait valoir; mais elles impliquent contradiction avec la conduite ultérieure du cabinet suédois : ce cabinet joignit une armée aux alliés jusqu'aux frontières de France en 1814; la constitution n'avait pas changé en Suède, et l'*influence du ciel méridional* devait toujours être la même. On ne pouvait pas dire non plus à cette époque, que la Suède fut contrainte à cela *pour la défense de ses foyers*. (*Note de l'éditeur*.)

Majesté Impériale et Royale. Le roi n'a point hésité à déclarer la guerre à la Grande-Bretagne, sans égard aux pertes énormes auxquelles il exposait ses sujets, ni à celle de la branche la plus considérable de ses ressources financières. L'intérêt bien prononcé de son royaume est fondé sur la paix; c'est la guerre qui a détruit et démembré la Suède (1). Les habitans qui lui restent n'aspirent qu'après le repos: ils veulent tout sacrifier pour la défense de l'indépendance de la patrie; mais ils exigent aussi de leur gouvernement de ne point provoquer pour eux de nouvelles charges ni de nouveaux dangers par une guerre offensive; et cependant ce cas vient d'arriver, pour prouver à S. M. l'empereur des Français tout le prix que le roi attache à son amitié. Sa Majesté

(1) Et cependant, après le traité d'Abo, la Suède recommence une guerre offensive en se joignant aux alliés. Politiquement parlant, cette démarche était fort hasardée : on ne pouvait encore prévoir alors les revers de la France; si les alliés avaient succombé dans cette lutte, la Suède se serait trouvée de nouveau dans une position extrêmement critique; elle n'aurait pas eu la Norwège, et les subsides anglais n'eussent été qu'une faible compensation. (*Note de l'éditeur.*)

n'aura jamais d'autre but, même lorsque des considérations insurmontables arrêteront sa bonne volonté.

C'est avec les sentimens, etc.

Le baron d'ENGESTROM.

## N°. XII.

*Note de S. E. le baron d'Engestrom au baron Alquier, en date de Stockholm le 5 janvier* 1811.

J'ai rendu compte au roi mon maître de ce que vous m'avez marqué, Monsieur, sur le désir de S. M. l'empereur des Français, de resserrer plus étroitement par une alliance, les liens qui l'unissent à Sa Majesté; elle m'a autorisé de vous annoncer que ses sentimens pour Sa Majesté Impériale et Royale la porteront à écouter de tout temps avec intérêt, les propositions qui lui seront faites, persuadée comme elle est d'avance, que ces propositions s'accorderont toujours avec l'intérêt de ses peuples et la dignité de sa couronne.

J'ai l'honneur d'être, etc.

Le baron d'Engestrom.

## N°. XIII.

*LETTRE de Bernadotte, prince-royal de Suède, à S. M. l'empereur des Français, en date de Stockholm le 24 mars 1812.*

SIRE!

Des notes viennent de me parvenir, et je m'empresse de m'en ouvrir à Votre Majesté Impériale avec toute la franchise qui constitue mon caractère.

Lorsque les vœux du peuple suédois m'appelèrent à succéder au trône, j'espérais, en quittant la France, pouvoir toujours allier mes affections personnelles aux intérêts de ma nouvelle patrie; mon cœur nourrissait l'espoir qu'il pourrait s'identifier avec le sentiment de ce peuple, tout en conservant le souvenir de ses premiers penchans et en ne perdant jamais de vue la gloire de la France, ni l'attachement sincère qu'il a voué à Votre Majesté, attachement fondé sur une confraternité d'armes que tant de hauts-faits avaient illustrés.

C'est avec cet espoir que je suis arrivé en

Suède; j'ai trouvé une nation généralement attachée à la France, mais plus encore à sa liberté et à ses lois; jalouse de votre amitié, Sire, mais ne désirant jamais l'obtenir aux dépens de son honneur et de son indépendance. Le ministre de Votre Majesté a voulu heurter ce sentiment national (1), et son arrogance a tout gâté. Ses communications ne portaient aucun cararactère des égards que se doivent mutuellement les têtes couronnées; en remplissant au gré de ses passions les intentions de Votre Majesté, il parlait en proconsul romain, sans se rappeler qu'il ne s'adressait point à des esclaves.

Ce ministre a donc été la première cause de la méfiance que la Suède a commencé à montrer pour les intentions de Votre Majesté à son égard; des événemens subséquens ont dû y ajouter un nouveau poids (2).

Déjà, j'avais eu l'honneur de faire connaître à Votre Majesté Impériale, par mes lettres du 19 novembre et 8 décembre 1810, la situation

---

(1) Il est question de M. Alquier, qui mettait réellement beaucoup de roideur dans ses relations diplomatiques.

(2) L'occupation militaire de la Poméranie.

( *Notes de l'éditeur.* )

de la Suède, et le désir qu'elle avait de trouver en Votre Majesté un appui ; elle n'a pu voir dans le silence de Votre Majesté, qu'une indifférence non méritée, et elle a dû se prémunir contre l'orage prêt à fondre sur le continent.

Sire, l'humanité n'a déjà que trop souffert. Le sang des hommes inonde la terre depuis vingt ans, *et il ne manque à la gloire de Votre Majesté que d'y mettre un terme* (1).

Si Votre Majesté trouve bon que le roi fasse connaître à S. M. l'empereur Alexandre la possibilité d'un rapprochement, j'augure assez bien de la magnanimité de ce monarque pour oser assurer qu'il se prêtera à des ouvertures également équitables pour votre empire et pour le Nord ; si un événement si inattendu et si universellement désiré pouvait avoir lieu, combien les peuples du continent ne béniraient-ils pas Votre Majesté! leur reconnaissance serait augmentée en raison de l'effroi que leur inspire le retour d'un fléau qui a tant pesé sur eux, et

---

(1) Napoléon était alors à l'apogée de sa puissance : que de maux il eût épargné au monde, s'il avait compris cette vérité! L'aveugle fatalité qui préside au sort des nations et des rois ne lui permit pas de l'entendre. (*Note de l'éditeur.*)

dont les ravages ont laissé des traces si cruelles.

Sire, un des momens les plus heureux que j'aie éprouvés depuis que j'ai quitté la France, c'est celui qui m'a procuré la certitude que Votre Majesté ne m'avait pas tout-à-fait oublié. Votre Majesté a bien jugé mon cœur ; elle a reconnu combien il devait être tourmenté par la perspective douloureuse de voir les intérêts de la Suède à la veille d'être séparés de ceux de la France, ou de sacrifier ceux de la patrie qui m'a adopté avec une confiance sans bornes. Sire, quoique Suédois par honneur, par devoir et par religion, je m'identifie encore par mes vœux à cette belle France qui m'a vu naître et que j'ai servi fidèlement depuis mon enfance ; chaque pas que je fais en Suède, les hommages que j'y reçois réveillent dans mon âme ces beaux souvenirs de gloire qui ont été la principale cause de mon élévation, et je ne me dissimule pas non plus que la Suède, en me nommant, a voulu payer ce tribut d'estime au peuple français (1).

---

Il paraît que cette lettre fut écrite après le

(1) On aime à voir ici le prince-royal de Suède reconnaître que c'est au sang de nos braves soldats,

départ de M. Alquier, ministre de France à Stockholm: elle est pleine de dignité, et semble insinuer que la Suède se joindra à la Russie et à l'Angleterre, dans le cas où Napoléon refuserait toute médiation.

Peu de temps après eut lieu l'entrevue d'*Abo*, entre l'empereur Alexandre et Bernadotte, c'est-à-dire au moment où l'armée française allait franchir le Niémen pour pénétrer en Russie. Il y fut décidé que la Suède recevrait les subsides de l'Angleterre pour se mettre en état de guerre contre la France, qui persistait à ne point reconnaître sa neutralité, et il fut conclu une alliance entre les trois puissances (1).

On a vu par la correspondance qui précède, qu'il n'a tenu qu'à l'empereur Napoléon d'obtenir la préférence sur l'Angleterre en payant des subsides à la Suède. (*Voyez*

---

et à leurs éclatantes victoires, qu'il doit son élévation; bien supérieur en cela à quelques insolens parvenus, qu'un moment de prospérité aveuglait sur leur propre mérite, et qui s'en croyaient les seuls auteurs.

(1) Traité de subsides, en date du 3 mars 1813. — La Suède joint 30,000 hommes aux alliés sur le continent, elle reçoit un million sterling (24 millions de francs) payable en douze termes; plus, la cession de la Guadeloupe et de la Norwège. (*Notes de l'éditeur.*)

*la lettre* n.° 7 ) Une fausse politique dédaigna cet appui au moment le plus utile, puisque la guerre de Russie allait commencer; la suite des événemens a fait voir que ce fut une grande faute. En effet, trente ou quarante mille Suédois pouvaient attaquer alors la Finlande, et y occuper un corps d'armée russe, tandis que la gauche de l'armée française pénétrant en Courlande et en Livonie, eût menacé Pétersbourg.

Bernadotte se trouvant à Abo, donna un conseil qui sauva la Russie; il en donna à Berlin, il en donna aux conférences de Trachenberg, à Mühlberg, à Leipsick; mais je n'oserais affirmer que les alliés aient eu beaucoup de reconnaissance de ces bons offices. En quittant l'empereur Alexandre à Abo, il lui recommanda de ne point engager d'action générale, et d'éviter avec soin une grande bataille. Les généraux ennemis s'y conformèrent fort exactement, jusqu'à la Moskowa, où les belles manœuvres de Napoléon les forcèrent à combattre et à nous abandonner la victoire; mais les Russes reprirent aussitôt leur système de temporisation; système qui, bientôt secondé de l'intempérie des saisons, nous devint si funeste.

La Suède avait déjà obtenu des Anglais la

cession de la colonie française de la Guadeloupe, tombée en leur pouvoir depuis la guerre. Le droit public suivi jusqu'alors en Europe, s'opposait à cette cession en faveur d'une puissance tierce, avant que le légitime possesseur y eût consenti par un traité; mais l'Angleterre et la Suède objectaient, avec raison, que Napoléon avait violé lui-même ce droit en incorporant nombre de pays à l'Empire, par de simples décrets, et que d'après cela il leur était permis de suivre le même système par forme de représailles. Napoléon ne répondit que par la dernière raison des rois.

La note suivante, quoique sans date, est évidemment postérieure à l'entrevue d'Abo : on y voit que la politique du cabinet suédois n'est point encore fixée, et que dans l'incertitude où il se trouve sur l'issue des événemens de la campagne, il voudrait revenir au système de la neutralité, système qui était le seul réellement convenable à sa situation politique et géographique.

## N°. XIV.

*Note de S. E. M. le baron d'Engestrom à M. le comte de Neipperg, ministre d'Autriche à la cour de Stockholm, en date du.... mars* 1812.

Les menaces de la France, ses attaques réitérées contre le commerce de la Suède, l'enlèvement de près de cent bâtimens destinés pour des ports amis et soumis à la France ; le séquestre mis sur les propriétés suédoises, à Dantzig et autres ports de la Baltique, et enfin l'invasion de la Poméranie, faite au mépris des traités, justifieraient suffisamment la Suède de tous les engagemens qu'elle aurait pu prendre avec les ennemis de la France : quel que soit le juste grief qu'elle a contre cette puissance, elle ne désire pas la guerre, et elle rejette la pensée d'être forcée de la faire, même pour conserver son indépendance et ses lois. La Suède est donc prête à écouter toutes les propositions conciliatoires qui pourront lui être faites ; la justice est pour elle. Si la Suède avait la conviction que S. M. l'empereur Alexandre arme pour asservir l'Europe, pour tout soumettre au système russe, et étendre ses Etats jusqu'au nord de l'Allemagne, la Suède n'hésiterait pas un moment à se déclarer et à combattre pour arrêter cette ambition, elle serait dirigée par le principe d'Etat qui devrait lui faire craindre un accroissement de puissance aussi dangereux; mais si, au contraire, la Russie n'arme que pour sa propre défense, pour préserver ses frontières, ses ports et même sa capitale de toute invasion étrangère; si en cela elle ne fait qu'obéir à l'impérieux devoir de la nécessité, il est de l'intérêt de la Suède de ne pas balancer un moment à défendre les intérêts du Nord, puisque les siens y sont communs (1).

(1) L'empire de Russie, au moment où on écrivait cette dépêche (en 1812), avait 2200 lieues d'orient en occident, et près de 800 du nord au sud, c'est-à-dire qu'il était plus vaste que l'empire romain au temps d'Auguste. En 1819, sa frontière s'appuie à l'Océan septentrional; elle s'y est avancée de 160 milles, et touche à la Norwège; elle redescend parallèlement au golfe de Bothnie, coupe le pays que traversaient les Suédois pour aller en Finlande, et isole cette partie des anciennes possessions de la Suède. Une autre ligne traversant le golfe, serpente autour des îles d'Aland, peuplées d'une riche population, regagne le continent dans la

La Suède ne peut pas se flatter de pouvoir, comme puissance du second ordre, se soustraire à l'état de servitude dont la France menace les Etats du premier ordre. Une guerre entreprise pour reconquérir la Finlande, n'est nullement de l'intérêt de la Suède; l'Europe est instruite des causes qui la lui firent perdre; entreprendre une guerre pour s'en remettre en possession, serait méconnaître les intérêts

---

Livonie, retenant les ports *d'Abo* et de *Sweaborg*, les deux clefs de la Suède.

Sur le Niémen, la Russie n'est pas moins redoutable. Sa frontière suit cette rivière et la Memel, se prolonge par la Prusse orientale, joint la Vistule sous les murs de Thorn, n'étant qu'à 70 milles de Dantzig et de Berlin; elle s'avance ensuite vers Kalisch, se dirige vers le midi à 30 milles en-deçà de l'Oder, suit ce fleuve dans son cours oriental autour du district de Cracovie, et se trouve à 70 milles de Vienne, troisième capitale de l'Europe.

Du côté de la Gallicie, sa ligne traverse le Niester, s'étend jusqu'aux limites de la Bukowine, gagne les rives du Pruth, enveloppant ainsi la plus grande partie des provinces démembrées de la Pologne.

Relativement à l'Autriche, la Russie domine le cours du Danube dans la Servie, et ce fleuve ne roule plus ses eaux dans la mer Noire que sous son bon plaisir. Elle s'y trouve placée à 300 milles de Cons-

du peuple suédois; cette conquête occasionnerait des dépenses que la Suède n'est pas en état de supporter, et son acquisition, en admettant qu'elle pût s'effectuer, ne pourrait jamais balancer les dangers qui en résulteraient pour elle. Les Anglais lui porteraient des coups funestes pendant l'éloignement de ses armées; ses ports seraient brûlés ou détruits, et ses villes maritimes réduites en cendre; d'ailleurs,

---

tantinople, et même beaucoup plus près, puisque la Moldavie et la Valachie sont gouvernées sous son influence, et que ses flottes peuvent insulter les Dardanelles.

Qui nous assure qu'un jour elle n'étendra point sa limite jusqu'à l'Illyrie, vers le haut Danube; qu'elle ne dominera point sur le Bannat, la Transylvanie, la Hongrie, l'Italie et l'Allemagne? Si sa politique et sa suprématie restent les mêmes, elle a tout ce qu'il faut pour atteindre ce but. Des armées aguerries, d'excellentes communications en Europe et en Asie; partout des mers et des fleuves navigables pour transporter son matériel; en voilà plus qu'il n'en faut pour lancer la foudre à son gré des rives du Bosphore sur les tours du Sérail, et des hauteurs de Montmartre sur Paris.

Du côté de la Perse sa supériorité n'est pas moins assurée. Ses armées ne sont plus confinées sur les rochers du Caucase, elles les ont franchi, et déjà elles séjournent dans les plaines fertiles du Danghistan et du

dès qu'un changement s'effectuera dans le système politique de la Russie, soit après des succès, soit après des défaites, ses anciennes vues sur la Finlande ne manqueraient pas de faire peser sur la Suède une guerre désastreuse. Le golfe Bothnique sépare les deux Etats, aucun motif de division n'existe, et la haine

---

Shirvan. Ainsi, pour atteindre Teheran, la capitale du Shah,, les colonnes russes n'ont que 300 milles à parcourir, et 100 milles seulement si elles veulent naviguer sur la mer Caspienne : elles peuvent se transporter de la *Baltique* au *golfe Persique*, et *d'Astracan* aux remparts de *Cadix*; elles menacent *Bombay* et *Gibraltar*.

Si on réfléchit qu'il y a à peine cent ans que la Russie s'est immiscée dans les affaires de l'Europe, on ne peut s'empêcher d'être étonné de la rapidité avec laquelle elle marche à la domination universelle; on ne peut douter que les Russes et les Anglais ne jouent bientôt le sort du monde au centre des nations civilisées, comme jadis Rome et Carthage aux plaines de Zama.

L'incendie de Moskow décida de la grandeur de la Russie et de sa prépondérance dans l'univers. C'est le plus bel exemple de patriotisme et de vigueur qui ait jamais été donné au monde : après cette grande scène, elle s'éleva sur l'Europe comme l'Angleterre sur l'océan. Aujourd'hui la Russie a un million d'hommes sous les armes pour assurer l'exécution de ses arrêts sur le continent. (*Note de l'éditeur.*)

nationale disparaît chaque jour ; par suite des dispositions pacifiques des deux souverains.

Si la France veut reconnaître la *neutralité armée* de la Suède, neutralité qui doit emporter avec elle le droit d'ouvrir ses ports avec des avantages égaux pour toutes les puissances, elle n'a aucun motif de se mêler dans les évènemens qui pourraient avoir lieu : la France s'engagerait à restituer la Poméranie ; et dans le cas où elle refuserait cette restitution que réclament à la fois les droits des nations et la foi des traités, S. M. le roi de Suède accepte la médiation, pour cet objet seulement, de LL. MM. l'empereur d'Autriche et l'empereur de Russie ; il se prêtera à une réconciliation compatible avec l'honneur national et les intérêts du Nord (1).

S. M. le roi de Suède, persuadé que tous les préparatifs faits par S. M. l'empereur Alexandre n'ont qu'un but purement défensif, et ne visent

(1) L'impartialité nous oblige de faire remarquer ici que la Suède, par les traités qu'elle invoque, s'était obligée à garantir le littoral de la Poméranie par une force suffisante, pour empêcher la contrebande, et que cette clause n'ayant pas reçu son exécution, les troupes françaises furent dans la nécessité de garder

qu'à préparer à son empire cette même neutralité armée que la Suède désire d'établir de concert avec la Russie, s'engage à faire tous ses efforts auprès de Sa Majesté Impériale, pour qu'une rupture n'ait pas lieu avant qu'on se soit entendu sur l'époque où des plénipotentiaires suédois, français, autrichiens et russes aient pu se réunir pour convenir à l'amiable d'un système de pacification qui, basé sur la neutralité sus-mentionnée, en terminant les différens actuellement existans entre le Nord et la France, puisse assurer à l'Europe le repos dont elle a un si grand besoin.

Le baron D'ENGESTROM.

---

ce littoral elles-mêmes. La France n'a jamais regardé la Poméranie comme une province conquise, mais seulement comme une position militaire que les circonstances l'obligeaient à occuper momentanément. Le gouvernement suédois aurait pu prévenir cette mesure en gardant lui-même ses côtes, comme il s'y était engagé. (*Note de l'éditeur.*)

## N. XV.

*Note remise par M. d'Ohsson, chargé d'affaires de Suède à Paris, à S. E. M. le duc de Bassano, le 20 mai 1812.*

Les vexations exercées par les corsaires, sous pavillon français, contre le commerce de la Suède, se multipliant dans une progression inouïe, et s'étendant même à des comestibles auxquels l'avidité donnait les qualifications à sa convenance, devaient nécessairement imposer l'obligation sacrée au roi de chercher à s'éclairer lui-même, ainsi que ses sujets, sur un état de choses qui prêtait à la paix tous les caractères de la guerre.

Le corsaire *le Mercure* s'étant établi sur les côtes de Suède, afin d'y exercer librement ses pirateries, et s'étant ainsi constitué de fait en ennemi, fut enfin arrêté dans ses courses, et amené dans un port suédois par un motif de défense qui ne devait point être méconnu.

Le roi, qui n'avait jamais douté un seul instant des sentimens de justice qui animent S. M. l'empereur des Français, roi d'Italie, s'était, à différentes reprises, adressé à ce souverain, pour porter des plaintes sur la conduite des corsaires français, si diamétralement contraire à la nature des relations qui subsistaient entre les deux cours, à la teneur des traités, et même à celle des lettres de marque dont ces corsaires étaient munis. Sa Majesté n'ayant cependant pas obtenu de réponse aux justes réclamations que les intérêts de son peuple lui prescrivaient de faire, envoya, aussitôt après avoir reçu la nouvelle de la détention du corsaire *le Mercure*, un courrier extraordinaire au soussigné, à l'effet de mettre dans tout son ensemble, sous les yeux du ministère français, un résumé, et de ce qui s'était passé, et de ce que la Suède désirait comme une garantie pour l'avenir. Le soussigné s'est acquitté de ces ordres le 15 janvier dernier, et cette communication est pareillement restée sans réponse.

Au milieu de cette attente, et lorsque Sa Majesté, n'écoutant que ses sentimens d'estime et d'amitié pour S. M. I. et R., se livrait déjà aux espérances les plus justes, elle apprit qu'un corps considérable de troupes françaises était entré le 27 janvier dans la Poméranie suédoise. Le chargé d'affaires de France, résidant à Stockholm, fut interpellé de s'expliquer sur les motifs de cette invasion soudaine et inattendue; mais il allégua n'en avoir pas la moindre connaissance (1). Le soussigné s'adressa au même effet à S. E. M. le duc de Bassano, et obtint pour réponse qu'il fallait attendre les ordres de la cour de Suède.

Ces ordres se bornant à demander une explication franche et ouverte sur les intentions de S. M. l'empereur et roi, par rapport à l'occupation de la Poméranie, furent expédiés les 4 et 7 février de Stockholm. Ces dépêches ne sont jamais parvenues au soussigné.

L'interruption du cours ordinaire des lettres destinées pour la Suède, ayant commencée peu après l'invasion française en Poméranie, la certitude qu'on acquit des recherches faites à Hambourg des fonds qui s'y trouvaient pour le compte de la Suède, l'arrestation et la

---

(1) Nous avons déjà observé que l'occupation militaire de la Poméranie fut la suite du défaut de mesures prises par la Suède pour repousser les contrebandiers du littoral de cette province. Il n'en est pas moins vrai que le gouvernement suédois fut traité fort cavalièrement dans cette occasion, puisqu'on n'avait pas même daigné lui en expliquer les motifs. (*Note de l'éditeur.*)

vente des bâtimens suédois dans les ports du Meklembourg et à Dantzig, ouvraient un vaste champ aux conjectures(1). Afin d'acquérir quelque certitude, quant à l'état des choses dans la Poméranie suédoise, le roi y envoya le général d'*Engelbrechten*, en qualité de parlementaire; mais ayant bientôt reçu la nouvelle que le général comte *Friand* s'était refusé de

---

(1) Ces mesures, toujours si répréhensibles en morale, pour les gouvernemens, pourraient à la rigueur passer pour une représaille, puisque la Suède paraissait alors pencher en faveur des Anglais. Le cabinet de Saint-James a prouvé plusieurs fois depuis trente ans, qu'il n'est pas plus scrupuleux en pareille circonstance. L'histoire dira qu'au moment où le ministère anglais signait le traité d'Amiens, il donnait l'ordre à ses amiraux de prendre le Cap de Bonne-Espérance qu'on venait de rendre aux Hollandais. Rapprochons les époques : c'est en *avril* 1802 que le traité fut ratifié, et c'est en *décembre* de la même année que l'ordre de prendre le Cap parvint à sa destination ; il avait donc été expédié au même instant. C'est cependant le ministère anglais qui s'est récrié le plus souvent sur la violation des traités de la part de la France. Au reste, il ne faut pas plus imputer au peuple anglais les erreurs ou les crimes du ministère, qu'il ne faut accuser la France et la liberté des excès de la révolution. (*Notes de l'éditeur.*)

recevoir le général suédois, et même de répondre par écrit à la lettre que celui-ci lui avait adressée, Sa Majesté crut apercevoir alors un système suivi dans l'ignorance où l'on voulait conserver la Suède, sur les affaires générales et sur celles qui lui étaient particulières.

On apprit, malgré toutes les précautions, plusieurs détails sur la conduite des troupes françaises en Poméranie, conduite qui cadrait difficilement avec cet étalage amical qu'on semblait vouloir attacher à l'invasion de cette province, dont l'intégrité, aussi bien que celle de la Suède, se trouvait garantie par S. M. l'empereur dans le traité de Paris (1).

Des fonctionnaires publics arrêtés, traînés jusqu'à Hambourg, menacés du traitement le plus rigoureux pour leur faire fausser leurs devoirs et leurs sermens; les caisses du roi mises sous les scellés, les bâtimens de Sa Majesté forcés à coup de canon de suspendre leur départ, et

(1) Si les généraux qui commandaient alors les troupes françaises dans la Poméranie ont outrepassé leurs pouvoirs, en usant d'une rigueur déplacée, ils ont été bien coupables envers leur maître et envers ses alliés. C'est par ce zèle aveugle et servile qui va au-delà du but, qu'on exaspère les nations : ce sont les Tigellins qui perdent les princes et les empires.

( *Note de l'éditeur.* )

finalement déchargés et séquestrés au profit de la France ; les charges onéreuses imposées à un pays qui avait eu à peine le temps de respirer après les malheurs qu'il avait éprouvés, et finalement le désarmement des troupes suédoises qui s'y trouvaient ; tous ces motifs réunis devaient justifier le désir du roi, de recevoir une explication que réclamaient à la fois, et la dignité des souverains, et *les stipulations des traités subsistans entre la Suède et la France* (1).

Le roi n'avait aucun engagement avec d'autres puissances qui fût contraire au traité qui le liait à la France, et dont Sa Majesté s'était constamment attaché à remplir les clauses. Si les escadres britanniques ménageaient le commerce de cabotage de la Suède, cette conduite était gratuite de leur part, et provenait, sans doute, d'une envie d'opposition dans leurs mesures à celles adoptées par les corsaires des

(1) On ne peut justifier ici la politique du cabinet des Tuileries qu'en admettant que la Suède, malgré le traité de Paris, continuait de favoriser le *commerce illicite* des Anglais ; on se rappelle en effet que Napoléon avait dit : « *Si vous manquez à vos engagemens,* » *je me croirai dégagé des miens.* » (Voyez sa Lettre sous n°. 9.)

puissances amies de la Suède. Si les bâtimens suédois qui apportaient des productions de leur pays dans les ports d'Allemagne, se servaient de licences anglaises pour échapper aux croiseurs ennemis, ils ne devaient point s'attendre à être confisqués en arrivant, lorsqu'ils savaient de science certaine que des bâtimens de Dantzig, destinés pour l'Angleterre, avaient passé le Sund, munis de licences de Sa Majesté l'empereur et roi.

Si le roi, attaqué dans une de ses provinces par la France, commençait alors à songer à la sûreté de son royaume, Sa Majesté se flatte que Sa Majesté Impériale et Royale elle-même n'en aurait pas agi autrement à sa place. On peut tout nier excepté les faits qui subsistent; et c'est aussi sur les faits seuls que le roi s'appuye.

Par une suite de cet exposé, Sa Majesté a ordonné au soussigné de déclarer officiellement à S. E. le duc de Bassano :

Que le roi proteste formellement contre l'invasion des troupes françaises dans la Poméranie suédoise.

Que Sa Majesté ne saurait envisager cette invasion que comme une violation du traité de paix entre la Suède et la France; mais que par suite des principes de modération que le roi aime à conserver dans la marche de sa politique, et de la continuation de ses sentimens pour la France, Sa Majesté ne se regarde cependant pas en état de guerre avec elle, mais attend de son gouvernement une explication franche et ouverte sur l'invasion de la Poméranie.

Que pour établir une réciprocité parfaite, en attendant cette explication, le paiement des intérêts et du capital des sommes dues aux pays réunis à la France, en vertu des décrets impériaux, sera suspendu, mesure qui sera continuée jusqu'à ce que la Poméranie suédoise soit évacuée, et la bonne harmonie rétablie entre les deux cours.

Que, finalement, comme l'occupation militaire de la Poméranie suédoise mettait Sa Majesté en mesure de se regarder entièrement libérée des engagemens particuliers qu'elle a contractés avec la France, et principalement de l'obligation de continuer une guerre que la Suède n'a entreprise que par une suite de son adhésion au système continental, adhésion qui n'a été que la conséquence de la restitution de la Poméranie, le roi déclare qu'il se regarde, dès ce moment, en état de neutralité vis-à-vis de la France et de l'Angleterre ; qu'en conséquence de ce système adopté par Sa Majesté, elle emploiera tous les moyens en son pouvoir pour protéger le pavillon neutre de la Suède contre les déprédations qui n'ont dû leur durée qu'à une longue patience.

La Suède, attachée à la France depuis François Ier., ne désire que de pouvoir allier ses affections au maintien de l'indépendance du Nord. Le roi éprouverait aussi une vive douleur, s'il se voyait forcé de sacrifier son penchant naturel aux grands intérêts de sa patrie, qui repoussent à la fois la servitude et la honte. Mais, fermement résolue de soutenir la dignité de sa couronne et la liberté de ses sujets, Sa Majesté attendra avec tranquillité, le développement ultérieur des évènemens.

Le soussigné supplie S. E. M. le duc de Bassano de vouloir bien porter cette note à la connaissance de S. M. l'empereur et Roi, et de communiquer, aussitôt que possible, au soussigné la réponse de Sa Majesté Impériale et Royale.

Le soussigné a l'honneur, etc.

C. d'Ohsson.

M. le duc de Bassano n'ayant donné aucune réponse satisfaisante sur cette note pendant près de huit mois, le ministre des affaires étrangères de Suède, baron d'Engestrom, adressa enfin celle ci-après à M. de Cabre, chargé d'affaires de France à Stockholm, sous la date du 20 décembre 1812.

## N°. XVI.

*Note du baron d'Engestrom à M. de Cabre.*

Dès le moment où l'invasion de la Poméranie suédoise par les troupes françaises, contre la foi des traités et les engagemens les plus solemnels, donna la mesure des intentions de S. M. l'empereur Napoléon à l'égard de la Suède, le roi, justement étonné de cette agression inattendue, n'a fait que réitérer les démarches pour en obtenir une explication franche et loyale, tandis que le gouvernement français n'y a répondu que par de nouveaux actes d'hostilité.

Sa Majesté a cru que, si la force donne des droits qu'attestent suffisamment les malheurs de nos temps, la cause de la justice et le sentiment de sa propre dignité peuvent aussi en réclamer quelques-uns.

Elle n'a donc pas vu avec indifférence une de ses provinces occupée par la même puissance qui en avait garanti l'intégrité (1), les troupes que le roi y avait laissées, déclarées prisonnières de guerre, et comme telles amenées en France (2), ainsi que les déprédations continuelles de la part des corsaires français contre le commerce de la Suède. Sa Majesté avait chargé par conséquent *M. de Bergstedt*, au mois d'août dernier, et postérieurement le soussigné, de s'adresser officiellement à M. de Cabre, d'abord pour demander les raisons qui avaient motivé les hostilités susmentionnées, et finalement pour lui déclarer que comme sa cour, après un très-long délai, ne s'était point

---

(1) Cela est vrai; mais cette garantie était conditionnelle, puisqu'elle obligeait la Suède à garder ses côtes et à les préserver de la contrebande.

(2) Cette mesure était contraire au *droit des gens*, et rien ne peut l'excuser. Il n'y avait pas eu de déclaration de guerre officielle de la part de la France, pas un coup de fusil tiré de part ni d'autre; mais, comme le dit fort bien l'auteur de la note, les *forts* et les *puissans* ont *des droits particuliers*; la France en a été elle-même un triste exemple dans le cours de ses revers. (*Notes de l'éditeur.*)

expliquée à cet égard, et donnait ainsi à connaître qu'elle ne voulait point revenir à un système plus pacifique à l'égard de la Suède, M. de Cabre, ne pouvait plus être regardé comme agent d'une puissance amie, et que ses relations diplomatiques avec le ministère du roi, devaient cesser jusqu'au moment où il recevrait les éclaircissemens qu'il avait demandés au cabinet des Tuileries.

Plus de trois mois se sont écoulés depuis cette époque, et le gouvernement français gardant toujours le même silence, le roi a cru se devoir à lui-même et à son peuple de ne plus compter sur une explication que tant de faits, au reste, paraissent rendre illusoire.

D'après ces considérations, et d'autres pour le moins aussi importantes, le soussigné a reçu les ordres du roi son maître de déclarer à M. de Cabre que sa présence ici devenant absolument inutile dans les circontances actuelles, Sa Majesté désire qu'il quitte la Suède aussitôt que possible, et le soussigné a l'honneur de lui envoyer ci inclus les passe-ports nécessaires pour son voyage.

Le soussigné a l'honneur, etc.

Le baron D'ENGESTROM.

## N°. XVII.

*Réponse de M. de Cabre à S. E. M. le baron d'Engestrom, en date de Stockholm le 21 décembre 1812.*

Le soussigné chargé d'affaires de S. M. l'empereur des Français, roi d'Italie, a reçu la note officielle que S. Exc. M. le baron d'Engestrom lui a adressée hier 20 décembre, dans laquelle il est dit en substance, « que » Sa Majesté suédoise ayant vainement attendu » une explication relativement à l'entrée des » Français en Poméranie, à la translation » des officiers du roi à Magdebourg, et à la » capture des bâtimens suédois par les cor- » saires français, Sa Majesté a ordonné à son » ministre d'état et des affaires étrangères, de » déclarer au soussigné, que sa présence à » Stockholm étant tout-à-fait inutile, Sa » Majesté désire que le soussigné quitte la » Suède aussitôt que possible, et de lui en- » voyer en même temps les passe-ports néces- » saires pour son voyage. »

Le soussigné croit inutile de s'appesantir sur

l'imputation que contient ladite note officielle, que Sa Majesté l'empereur et Roi a agi contre la foi des traités. *Il serait facile au soussigné de la réfuter; en rappelant les clauses de celui qui fut conclu à Paris le* 6 *janvier*, et en prouvant par des faits que la Suède n'a rempli dans aucun cas les obligations qu'elle y contractait, quoique la France se fût empressée de lui restituer cette même Poméranie, conquise dans la dernière guerre par les armées impériales et royales.

Le soussigné doit observer que jamais il ne lui a été notifié verbalement ou par écrit, que ses relations diplomatiques seraient suspendues jusqu'à ce qu'il eût répondu catégoriquement aux éclaircissemens demandés par le ministère suédois. S. Exc. le ministre d'état et des affaires étrangères, dans sa lettre du 7 septembre dernier, adressée *au chargé d'affaires de France*, se borne à lui demander *s'il se trouve en Suède comme agent d'une puissance amie ou ennemie*, et déclare au soussigné *que son séjour dans les Etats du roi dépend de la réponse qu'il sera à même de donner.*

Quant à l'objet principal de la note officielle de S. Exc. le ministre d'état et des affaires étrangères, le soussigné ne perdra pas un moment pour la porter à la connaissance de sa cour; il ne dépend pas de lui d'obtempérer au désir de Sa Majesté le roi, et il doit au contraire déclarer que jamais il ne consentira à abandonner le poste que l'empereur et roi, son auguste maître, a daigné lui confier, avant d'avoir reçu ses ordres à cet égard.

Si Sa Majesté suédoise, usant des droits de souverain, fait signifier au soussigné, *officiellement* et *par écrit*, qu'elle ne permettra pas plus long-temps son séjour en Suède, le soussigné croyant alors ne céder qu'à la force, n'hésitera pas à profiter, dans le plus court délai possible, du passe-port qu'il a l'honneur de renvoyer ci-joint à S. Exc. M. le baron d'Engestrom, ministre d'état et des affaires étrangères, parce que jusque-là il lui est parfaitement impossible de s'en servir, et par conséquent de le garder.

Le soussigné a l'honneur, etc.

Aug. De Cabre.

## N°. XVIII.

*Note de S. E. M. le baron d'Engestrom à M. de Cabre, en date du 23 décembre 1812.*

J'ai reçu la lettre que vous m'avez adressée, Monsieur, en date du 21 de ce mois; je l'ai mise de suite sous les yeux du roi, et Sa Majesté me charge de nouveau de vous répéter que votre présence à Stokholm ne saurait être tolérée plus long-temps : votre caractère diplomatique ayant déjà cessé, vous vous trouvez, Monsieur, dans la catégorie de tous les étrangers, et par conséquent soumis à exécuter les ordres que la police pourra vous donner. Le grand-gouverneur, à qui il a été fait des rapports peu avantageux sur votre compte, a reçu l'ordre de vous faire quitter la capitale dans vingt-quatre heures. Un commissaire de police vous accompagnera jusqu'à la frontière, et de cette manière vous n'aurez plus besoin des passe-ports que vous m'avez renvoyés.

Le baron d'Engestrom.

## N°. XIX.

*Réponse de M. de Cabre, en date du 23 décembre 1812* (1).

Je reçois à l'instant la lettre que vous m'avez écrite aujourd'hui, dans laquelle Votre Excellence, en m'annonçant, pour la première fois, que *mes fonctions diplomatiques ont cessé*, *me prévient en même temps que je deviens soumis aux ordres de la police, et que le gouverneur a reçu ses instructions pour me faire conduire à la frontière.*

Cette détermination du gouvernement suédois, et la manière dont elle m'est communiquée, me paraissent plus que suffisantes pour me justifier vis-à-vis de ma cour en abandonnant le poste que j'ai rempli avec honneur pendant plus d'un an auprès de Sa Majesté le roi

(1) Par une suite de cette réponse de M. de Cabre, on lui rendit ses passe-ports, et le commissaire de police ne fut point envoyé avec lui. Il obtint l'autorisation de rester trois jours à Stockholm, d'où il partit le 27 décembre 1812. (*Note de l'éditeur.*)

de Suède. Je prie en conséquence Votre Excellence de m'envoyer mes passe-ports, dont je compte profiter dans le plus court délai.

J'ai l'honneur, etc.

Aug. De Cabre.

Le langage altier du diplomate suédois, au 23 décembre 1812, s'explique par le désastre de Russie. Depuis cette époque jusqu'au 23 mars 1813, il n'y eut aucune trace de correspondance entre le prince royal de Suède et Napoléon; cette lacune ne paraîtra pas extraordinaire, si l'on fait attention que des deux côtés on se préparait à combattre; d'ailleurs, on sait que l'empereur, pendant ces trois mois, s'occupa uniquement de réorganiser l'armée française.

Les évènemens se pressaient alors avec une telle rapidité, qu'il y avait peu de momens à consacrer aux négociations. Il paraît cependant que le prince-royal n'avait pas entièrement renoncé à l'espoir d'une pacification, puisqu'il tenta un dernier effort auprès de Napoléon, et lui écrivit cette fameuse lettre du 23 mars, que nous transcrivons ci-après, sous le numéro 20: elle contient des vérités sévères, des principes louables sur les devoirs des princes envers les peuples, mais un déplorable aveuglement sur la politique et les vues des puissances alliées. Il fut impossible de s'y méprendre aux conférences de Prague. Cette politique fut entièrement dévoilée peu de temps après, par la déclaration de Francfort, et par le traité de Chaumont. Qu'est-ce que le prince royal de Suède a dû penser ensuite du traité du 20 novembre 1815, du démembrement de Landau, de Philippeville, de Marienbourg, et de la démolition d'Huningue ?............

## N°. XX.

*Lettre de Bernadotte, prince royal de Suède, à S. M. l'empereur des Français, en date de Stockholm le 23 mars 1813.*

Sire!

Aussi long-temps que Votre Majesté n'a agi ou fait agir que contre moi directement, j'ai dû ne lui opposer que du calme et du silence; (1) mais aujourd'hui que la note du duc de Bassano à M. d'Ohsson cherche à jeter entre le roi et moi le même brandon de discorde qui facilita à Votre Majesté l'entrée en Espagne, toutes les relations ministérielles étant rompues, je m'adresse directement à elle pour lui

(1) On se rappellera que le prince fut extrêmement maltraité dans la plupart des nombreuses adresses qui, de toutes les parties de l'empire, furent adressées à *l'impératrice régente* au commencement de l'année 1813, et dans lesquelles les autorités prodiguaient l'encens et l'adulation outre mesure. (*Note de l'éditeur.*)

rappeler la conduite loyale et franche de la Suède, même dans les temps les plus difficiles.

Aux communications que M. Signeul fut chargé de faire, par ordre de Votre Majesté, le roi fit répondre que la Suède, convaincue que ce n'était qu'à vous, Sire, qu'elle devait la perte de la Finlande, ne pourrait jamais croire à votre amitié pour elle, si vous ne lui faisiez donner la *Norwège*, pour la dédommager du mal que votre politique lui avait fait.

Pour tout ce qui, dans la note du duc de Bassano, est relatif à l'invasion de la Poméranie, et à la conduite des corsaires français, les faits parlent ; et en comparant les dates on jugera, Sire, qui, de votre Majesté ou du gouvernement suédois, a raison.

Cent vaisseaux suédois étaient capturés, et plus de deux cents matelots mis aux fers, lorsque le gouvernement se vit dans la nécessité de faire arrêter un forban qui, sous le pavillon français, venait dans nos ports enlever nos bâtimens, et insulter à notre confiance dans les traités.

M. le duc de Bassano dit que Votre Majesté n'a point provoqué la guerre avec la Russie, et cependant, Sire, Votre Majesté a passé le Niémen à la tête de quatre cent mille hommes.

Du moment que Votre Majesté s'enfonça dans l'intérieur de cet empire, l'issue ne fut plus douteuse. L'empereur Alexandre et le roi prévirent déjà dès le mois d'août, la fin de la campagne et ses immenses résultats; toutes les combinaisons militaires assuraient que Votre Majesté serait prisonnière : vous avez échappé à ce danger, Sire, mais votre armée, l'élite de la France, de l'Allemagne et de l'Italie, n'existe plus ; là sont restés sans sépulture des braves qui sauvèrent la France à Fleurus, des Français qui vainquirent en Italie, qui résistèrent au climat brûlant de l'Egypte, et qui fixèrent la victoire sous vos drapeaux à Marengo, à Austerlitz, à Jéna, à Halle, à Lubeck, à Fridland, etc.

Qu'à ce tableau déchirant, Sire, votre âme s'attendrisse, et s'il le faut, pour achever de l'émouvoir, qu'elle se rappelle la mort de plus d'un million de Français restés sur le champ d'honneur, victimes des guerres que Votre Majesté a entreprises (1).

---

(1) Ce million de Français immolé était un motif de plus pour que la France ne souscrivît point à une paix honteuse. On a beaucoup parlé de l'ambition de Napoléon; la matière est riche; elle offre un beau champ aux

Votre Majesté invoque ses droits à l'amitié du roi ! qu'il me soit permis de vous rappeler, Sire, le peu de prix que Votre Majesté y attacha, dans des momens où une réciprocité de sentimens eût été bien utile à la Suède. Lorsque le roi, après avoir perdu la Finlande, écrivit à Votre Majesté pour la prier de conserver à la Suède les îles d'Aland, elle lui répondit : « *Adressez-vous à l'empereur Alexandre, il*

---

rhéteurs ; cependant on serait bien étonné en retraçant sur la carte les divisions politiques de 1813 en opposition avec celles de 1819, de trouver que rien n'est changé dans les rôles des potentats. Quel que soit le jugement des contemporains et de la postérité, il est juste de dire que ce n'est point Napoléon qui a imaginé la théorie des détrônemens commencés avec la plume et exécutés avec l'épée ; il faudrait remonter pour cela jusqu'en 1772, lorsque, malgré le traité *d'Oliva*, on prit à un roi sans pouvoir et sans caractère, sept mille lieues carrées. Le démembrement de la Pologne est l'œuf de *Léda*, d'où est née la dislocation du monde. On a été jusqu'à imprimer que Napoléon *était le plus grand poltron de l'empire* ; il n'y a guère d'apparence que les soldats français et tant d'illustres généraux eussent voulu obéir pendant dix-neuf ou vingt ans à un poltron, et qu'ils eussent remporté tant de victoires sous ses ordres. (*Note de l'éditeur.*)

» *est grand et généreux.* » Et pour combler la mesure de son indifférence, elle fit insérer dans un journal officiel, au moment de mon départ pour la Suède (*Moniteur* du 21 septembre 1810, numéro 264), qu'il y avait un interrègne dans ce royaume, pendant lequel les Anglais faisaient impunément le commerce.

Le roi se détacha de la coalition de 1792, parce que cette coalition prétendait partager la France, et qu'il ne voulait point participer au démembrement de cette belle monarchie. Il fut porté à cet acte, monument de sa gloire politique, autant par attachement pour le peuple français, que par le besoin de cicatriser les plaies du royaume; cette conduite sage et vertueuse, fondée sur ce que chaque nation a le droit de se gouverner par ses lois, par ses usages et par sa volonté, cette conduite est la même qui lui sert de règle dans ce moment.

Votre système, Sire, veut interdire aux nations l'exercice des droits qu'elles ont reçus de la nature, ceux de commercer entre elles, de s'entr'aider, de correspondre et de vivre en paix; et cependant l'existence de la Suède est dépendante d'une extension de relations commerciales, sans lesquelles elle ne peut point se suffire (1).

Loin de voir dans la conduite du roi un changement de système, l'homme éclairé et impartial n'y trouvera que la continuation

---

(1) Le commerce est le résultat de la civilisation; plus les nations communiquent entre elles, plus elles se rapprochent, s'entendent et s'éclairent. Cela est vrai; mais il faut qu'elles jouissent de la réciprocité. Il ne faut pas que les unes aient le *monopole exclusif*, et que les autres en soient les *ilotes*. Si l'Angleterre, repoussant à main armée les produits des manufactures du continent, l'inonde des siens, la conséquence est la ruine des peuples qui subissent ce joug honteux. Le système continental était un mal sans doute, mais un mal nécessaire, un topique violent qui devait produire une crise salutaire au commerce du monde, et peut-être à sa liberté. Aujourd'hui que ce système n'existe plus, la situation commerciale des états européens n'en est pas meilleure; les transactions sont frappées de mort, d'innombrables faillites attestent sur tous les points un marasme universel, une stagnation effrayante. Nous n'avons plus les décrets de *Milan* et de *Berlin*, mais nous avons la douane à chaque pas; on est parvenu à en faire une institution barbare avec laquelle on tient les états bloqués à l'égard les uns des autres : on dirait que les gouvernemens veulent rétablir les grandes murailles qui séparaient les nations au temps du vandalisme. (*Note de l'éditeur.*)

d'une politique juste et constante qui dut être dévoilée dans un temps où les souverains se réunissaient contre la liberté de la France, et qui est suivie avec énergie dans un moment où le gouvernement français continue de conjurer contre la liberté des peuples et des souverains.

Je connais les bonnes dispositions de l'empereur Alexandre et du cabinet de St.-James pour la paix. Les calamités du continent la réclament, et Votre Majesté ne doit pas la repousser. Possesseur de la plus belle monarchie de la terre, voudra-t-elle toujours en étendre les limites, et léguer à un bras moins puissant que le sien le triste héritage de guerres interminables ? Votre Majesté ne s'attachera-t-elle pas à cicatriser les plaies d'une révolution dont il ne reste à la France que le souvenir de sa gloire militaire, et des malheurs réels dans son intérieur ? Sire, les leçons de l'histoire rejettent l'idée d'une monarchie universelle, et le sentiment de l'indépendance peut être amorti, mais non effacé du cœur des nations. Que Votre Majesté pèse toutes ces considérations, et pense réellement à une paix générale, dont le nom profané a fait couler tant de sang.

Je suis né dans cette belle France que vous gouvernez, Sire ; sa gloire et sa prospérité ne peuvent jamais m'être indifférentes. Mais sans cesser de faire des vœux pour son bonheur, je défendrai de toutes les facultés de mon âme, et les droits du peuple qui m'a appelé, et l'honneur du souverain qui a daigné me nommer son fils. Dans cette lutte entre la liberté du monde et l'oppression, je dirai aux Suédois : Je combats pour vous et avec vous, et les vœux des nations libres accompagneront nos efforts.

En politique, Sire, il n'y a ni amitié ni haine, il n'y a que des devoirs à remplir envers les peuples que la Providence nous appelle à gouverner. Leurs lois et leurs priviléges sont les biens qui leur sont chers ; et si, pour les leur conserver, on est obligé de renoncer à d'anciennes liaisons et à des affections de famille, un prince qui veut remplir sa vocation ne doit jamais hésiter sur le parti à prendre.

M. le duc de Bassano annonce que Votre Majesté évitera l'éclat d'une rupture. Mais, Sire, n'est-ce pas Votre Majesté qui a interrompu nos relations commerciales, en ordonnant la capture des vaisseaux suédois au sein de la paix ? N'est-ce pas la rigueur de ses ordres qui, depuis trois ans, nous a interdit toute espèce de communication avec le continent, et qui, depuis cette époque, fait retenir plus de cinquante bâtimens suédois à Rostock, Wismar et autres ports de la Baltique?

M. le duc de Bassano ajoute que Votre Majesté ne changera pas de système, et qu'elle repoussera de tous ses vœux une guerre qu'elle considérerait comme une guerre civile : ce qui indique que Votre Majesté veut retenir la Poméranie suédoise, et qu'elle ne renonce pas à l'espoir de commander à la Suède, et d'avilir ainsi, sans courir aucun risque, le nom et le caractère suédois. Par le mot de *guerre civile*, Votre Majesté désigne, sans doute, la guerre entre les alliés : or, on sait le sort qu'elle leur destine; mais que Votre Majesté se rappelle le mécontentement qu'elle fit éclater en apprenant l'armistice que j'accordai à cette brave nation, en avril 1809, et elle y trouvera la nécessité où ce pays s'est vu réduit, de faire tout ce qu'il a fait jusqu'à présent pour conserver son indépendance, et se préserver des dangers où l'aurait entraîné votre politique, Sire, s'il l'eût moins connue.

Si les évènemens qui se sont passés depuis quatre mois ont fait rejeter sur les généraux de Votre Majesté le désarmement et l'envoi en France comme prisonniers de guerre, des troupes suédoises de la Poméranie, il ne se trouvera pas, Sire, un prétexte aussi facile de réfuter, que jamais Votre Majesté n'a voulu confirmer les jugemens du conseil des prises, et que depuis trois ans elle fait des exceptions particulières contre la Suède, malgré que ce tribunal ait prononcé en notre faveur. Au reste, Sire, personne en Europe ne se méprendra sur le blâme que Votre Majesté jette sur ses généraux.

La note du ministère des affaires étrangères du roi, et la réponse que M. Cabre lui fit le 4 janvier 1812, vous prouveront, Sire, que Sa Majesté avait été au-devant de vos désirs, en mettant en liberté tous les équipages des corsaires. Le gouvernement, depuis lors, a porté les égards jusqu'à renvoyer des Portugais, des Algériens et des négres qui, pris sur les mêmes corsaires, se disaient sujets de Votre Majesté. Rien ne devait donc s'opposer à ce que Votre Majesté eût ordonné le renvoi des officiers et soldats suédois; et cependant ils gémissent encore dans les fers.

Quant aux menaces que contient la note du duc de Bassano, et aux quarante mille hommes que Votre Majesté veut donner au Danemarck, je ne crois point devoir entrer dans des détails sur ces objets, d'autant plus que je doute que le roi de Danemarck puisse profiter de ce secours.

Pour ce qui concerne mon ambition personnelle, j'en ai une très-grande, je l'avoue, c'est celle de servir la cause de l'humanité, et d'assurer l'indépendance de la presqu'île scandinave. Pour y parvenir, je compte sur la justice de la cause que le roi m'a ordonné de défendre, sur la persévérance de la nation et sur la loyauté de ses alliés.

Quelle que soit votre détermination, Sire, pour la paix ou pour la guerre, je n'en conserverai pas moins pour Votre Majesté les sentimens d'un ancien frère d'armes.

CHARLES-JEAN.

Cette lettre termina les relations connues de Bernadotte avec Napoléon. La campagne de 1813 s'ouvrit immédiatement; l'armée suédoise se réunit aux alliés jusqu'aux événemens d'avril 1814, et l'on vit paraître les proclamations suivantes qui complètent ce recueil.

Quoiqu'on puisse faire beaucoup de reproches à l'empereur Napoléon, il est permis de croire que ses grandes qualités et ses actions lui feront pardonner ses fautes. Le temps qui mûrit les opinions des hommes, mettra toutes choses en place, et malgré ce qu'on a écrit contre lui, on ne prononcera point son nom sans concevoir l'idée d'un règne éternellement mémorable.

# LE PRINCE ROYAL DE SUÈDE

## AUX FRANÇAIS (1).

Français !

J'ai pris les armes par ordre de mon roi, pour défendre les droits du peuple suédois. Après avoir vengé les affronts qu'il avait reçus, et concouru à la délivrance de l'Allemagne, j'ai passé le Rhin.

Revoyant les bords de ce fleuve, où j'ai si souvent et si heureusement combattu pour vous, j'éprouve le besoin de vous faire connaître ma pensée.

Votre gouvernement a constamment essayé de tout avilir, pour avoir le droit de tout mépriser; il est temps que ce système change.

Tous les hommes éclairés forment des voeux pour la conservation de la France; ils désirent seulement qu'elle ne soit plus le fléau de la terre.

(1) Cette proclamation fut publiée au moment où l'armée suédoise venait de passer le Rhin.

Les souverains ne se sont pas coalisés pour faire la guerre aux nations, mais pour forcer votre gouvernement à reconnaître l'indépendance des Etats ; telles sont leurs intentions, et je suis auprès de vous garant de leur sincérité.

Fils adoptif de Charles XIII, placé par l'élection d'un peuple libre sur les marches du trône des grands Gustaves, je ne puis désormais avoir d'autre ambition que celle de travailler à la prospérité de la presqu'île Scandinave. Puissé-je, en remplissant ce devoir sacré envers ma nouvelle patrie, contribuer en même temps au bonheur de mes anciens compatriotes !

Donné à mon quartier-général de Cologne, le 12 février 1814.

CHARLES-JEAN.

## AUX HABITANS DE LA FRANCE.

Nous entrons dans vos anciennes frontières ; le prince royal de Suède nous suit avec toutes ses armées.

Le ciel a béni nos armes, pour la gloire de la Russie et la délivrance de l'Allemagne : il achèvera son ouvrage, et forcera l'empereur Napoléon à vous rendre la paix que vous implorez tous.

Lisez les proclamations des souverains alliés, vous verrez que leur volonté est la paix : demandez à vos compatriotes comment ils sont traités par nos soldats, et vous verrez que c'est en amis qu'ils entrent dans vos villes, dans vos villages.

Un héros français, qui jadis combattait pour votre liberté, pour la gloire de la France, auquel la Suède a confié ses destins, que vos armées redoutent, revient acquérir de nouveaux droits à votre reconnaissance, en nous menant à la victoire, pour vous rendre le bonheur et la paix.

Recevez amicalement nos soldats, ils ne vous demanderont que leur nourriture. Accourez à moi au moindre désordre qu'ils pourraient commettre, à toute heure vous me trouverez prêt à vous entendre, et à punir celui de mon armée qui, contre la volonté de mon auguste souverain, oserait offenser ou piller un Français.

Que chaque citoyen reste dans sa demeure; que chaque employé du gouvernement continue ses fonctions, il sera respecté et acquerra des droits à la reconnaissance de ses concitoyens, en prévenant, par sa présence, les désordres de l'anarchie, et en devenant l'interprète de leurs besoins.

Nous ne combattons *que les soldats de l'empereur Napoléon* : le ciel vous préserve de vous joindre à eux ! l'innocent serait confondu avec le coupable ; des populations entières seraient livrées *à la vengeance des Cosaques*, si un bourgeois, un paysan, quittait ses paisibles occupations pour prendre les armes (1).

Donné au quartier-général de Namur, le 5 février (24 janvier) 1814.

*Le général en chef*,

Baron DE WINTZENGERODE.

---

(1) N'est-il pas plaisant que ce soit au nom d'un *héros français* qu'on nous ait menacés de la *vengeance des Cosaques*, et qu'on ait imaginé de traiter comme de petits enfans un peuple qui avait vaincu toute l'Europe pendant vingt ans ? (*Note de l'éditeur.*)



FIN.

## FAUTES ESSENTIELLES A CORRIGER.

---

Page 26, ligne 10, *Porte-Corvo*; lisez *Ponte-Corvo*.

Même page, 2e. paragraphe, ligne 7, au lieu de ces mots : « Son neveu le prince d'*Oldenbourg*, prince royal », lisez « Son neveu le prince de *Holstein Augustembourg*, prince royal. »

Page 71, ligne 15, l'*ennemi*; lisez l'*ennemie*.

Page 124, ligne 15, ayant *commencée*; lisez ayant *commencé*.

---

www.ingramcontent.com/pod-product-compliance
Lightning Source LLC
Chambersburg PA
CBHW052357090426
42739CB00011B/2407
* 9 7 8 2 0 1 1 8 6 1 5 3 5 *